# 大法西來

## 漢傳佛教流傳最殊勝的故事

活佛碓真降措仁波切
堪布土丹尼瑪仁波切
——審訂

卷頭語

　　當今社會，隨著經濟與科技的發展，在處處機運之中，人們追求成功、追求跟上時代腳步、追求流行時尚，甚至於縱情享樂、聲色犬馬，忽略道德與良心的約束，逐漸忘記了最初的真心。

　　信仰是生命的一盞明燈，尤其是宗教信仰，一直是穩定人心的最大力量，指引著無數的迷途羔羊找到光明的道路。在生命的無盡輪迴中，宗教給了人們一個堅定的期待：今生種下善良的種子，來世必將收穫愛的果實。

　　宗教就像一條河，千百來以來，流過了歷史時空，流到現代並奔向未來，讓我們省悟生命的價值，啟示著我們放眼美好的未來。

　　在迷亂的年代，但願本系列書籍的出版能讓您找到自己的價值、找到心靈的平靜，並給您勇氣與信心。

# 前言

　　「我是誰？我從哪裡來？要到哪裡去？」這是大畫家高更對上天的追問。生活在命運長河裡的我們也許早就忘了這個作為人類無法看清的問題。在西元前六世紀的古印度，佛陀卻在菩提樹下悟道生命的真諦——「前生五百次的回眸，才換來今生的擦肩而過。」他給了眾生一個解釋，一個緣由，只是簡簡單單的兩個字——「因緣」。

　　正是「由於前因，果報成熟」，佛的慈光才開始普照東方大地。漢明帝永平八年（西元65年）中國有了佛教傳入的正式官方記載，從此佛的教誨在中國紮根、發芽、開花、結果，然後把種子撒向周邊的土壤。而漢傳佛教在中國兩千多年的發展和傳播過程中，曾湧現無數傑出的人物，他們當中有高僧大德，有善男信女，甚至有帝王將相，在人類歷史上寫下了佛的教義，種下了一顆顆善的種子。

　　弘揚佛法，發明心要，未必需要尋章摘句，拘泥形式。用淺顯通俗的語言來頌揚佛教真諦，闡述一個個經典的故事，來警惕世人，轉迷為覺，明心見性，也可謂是一件莫大的功德。

　　為了讓更多的讀者瞭解古奧的佛教，本書選取了中國歷史上最具代表性的佛門人物以及最具典型意義的佛教事件作為陳述的主體，並按照漢傳佛教在中國歷史發展進程的不同階段進行分類，脈絡清晰順暢；文字通俗易懂，鮮明活潑，可以滿足不同文化層次的讀者需求；在內容上最大程度地選取佛教典籍中最精彩的故事，以啟發人們的智慧和愛心。

　　佛說「一切有為法，如夢幻泡影」，希望美善的綠蔭覆蓋大地，佛陀與我們同在。

# 目 錄

第三章

# 南北朝

## 釋教勃興，初遭法難

## 第四章

# 隋唐兩宋
### 八宗分派，禪淨爭鋒

第五章

## 元明清
宮廷密教、香火經懺

# 第一章

先秦兩漢
佛學東漸，大法西來

# 西極之國，有天人來

尋樂境乃學仙，避苦趣乃學佛。佛家所謂極樂世界者，蓋謂眾苦之所不到也。

——清·張潮《幽夢影》

在《列子·周穆王篇》中，曾講述過一個故事，在周王朝時，有化人遠從西極來訪中國。故事中的「西極」指的是印度；「化人」指的是佛陀的弟子文殊、目連。

《列子》所說的那個化人，入水不溺，入火不焚；能穿牆過壁，排山倒海；能搬移城邑，升上虛空，千變萬化不可捉摸。他既能改變一切東西的形狀，又能改變人們的心理和念頭。周穆王非常尊重他，將其奉為天神，寧願把自己的宮殿讓給他住，用最好的飲食來供養他，同時又選擇最美麗的歌女來供他娛樂。可是那個化人卻不為所動，他認為周穆王的宮殿卑陋不可以居住，餚饌腥臊不可以入口，歌女臭穢不可以親近。周穆王見狀，為了博得化人的歡心，不惜花費重金，在終南山上建築了一座華麗的宮殿，取名為「中天之台」。他還挑選出最美麗的女子，塗脂抹粉，穿著最合時的長裙，灑滿了香水，佩上環佩和瓔珞，每行一步，環佩的聲音就叮叮咚咚地響起來，處處奏起音樂，朝朝獻上珍饈美食。周穆王以為這樣化人就會心滿意足，沒想到，化人

還是不願意住進去！

　　一天，在宮廷的宴會上，化人帶著周穆王上遊天宮。他手執穆王的衫袖，一路上升，來到化人的宮殿。只見宮殿金碧輝煌，四壁都是用黃金和白銀建築而成；宮殿裏面，裝飾著珍珠寶玉；它的高度超出雲雨之上，猶如建築在一方虛空之中，飄浮在一片浮雲之上。周穆王在化人的宮殿裏不知不覺住了幾十年，簡直是樂不思蜀。後來化人又帶他往遊別處，所到之地，上不見日月，下不見江海，只看見光芒四射，照得他頭昏眼花。四處充滿了音樂，如同天籟之音，使得他心神恍惚，四肢百骸彷彿要解散一樣。周穆王支撐不住，就請化人帶他返回人間。當他睜開雙眼，卻發現自己還坐在剛才所坐的椅子上，服侍他的人，還是剛才跟隨左右的人，桌子上的餚饌尚有餘溫，杯中的酒還沒有澄清。周穆王驚奇地說：「這一剎那，就過了幾十年了嗎？」化人說：「大王！你

不過是神遊天宮，身子還沒有移動過呢！」

被譽爲「大賢至聖先師」的孔夫子對化人尊崇備至。一次，吳太宰嚭問孔子：「夫子是聖人嗎？」孔子說：「我不敢稱爲聖人，只不過學識多一點罷了。」太宰說：「三王是聖人嗎？五帝是聖人嗎？」孔子答：「三王只不過是善用智勇，五帝只不過是善用仁義。」太宰說：「那麼三皇可以稱得上是聖人了吧？」孔子說：「三皇只不過是因時制宜，至於是不是聖人，我不敢確定。」太宰瞪起雙眼問道：「照你這樣說來，哪個才是聖人？」孔子莊重地回答：「我們中國的西方，有個大聖人，不需治民而民不亂，不需多說話而人民都信仰他，不需教化人民而人民就會去實踐。他的崇高偉大，眞是不可思議，我認爲他才可稱得上是位大聖人！」

由此看來，我國在周朝，就已經知道西天竺有佛出世了，只是不曉得「佛」這個名詞而已。

### 漢傳佛教

傳入中國漢族地區的佛教，經過長期的經典傳譯、講習、融化，與中國傳統文化相結合，進而形成具有民族特點的各種學派和宗派；並外傳至朝鮮、日本和越南。主要宗派：天臺宗、三論宗、法相宗、律宗、淨土宗、禪宗、華嚴宗、密宗。

# 佛經東來，欲化始皇

福廣如空，利益一切，離一切相，度一切故，如彼金剛遍滿一切，故云：
「譬如金剛遍一切處，金剛輪等，遍世界故。」

——《對法論》

在春秋戰國時代，中國學術界如孔、孟、老、墨等各家學說，雖然隱隱之間含有佛教思想，但是還沒有顯著的跡象。到了秦始皇即位四年，西方國家才正式有僧伽釋利防等十八人，攜帶佛經來到中國的咸陽宮。當時的秦始皇少見多怪，看到他們的相貌、服裝與國人不同，以及行為上的種種差異，便把釋利防等人囚禁起來。其實以秦始皇焚書坑儒的餘威，囚禁十多個僧伽又有什麼稀奇？不料當天晚上，有個一丈六尺高的金剛神，打破牢獄，把所有僧伽都放了出去。秦始皇大驚失色，只好向他們叩頭禮拜，以厚禮送出國境。雖然當時還不知道佛、法、僧的名字，但秦始皇的大名卻從此傳到西域諸國去了。

若是按照西曆計算，釋利防到達中國的時候，應該是西元前243年。印度的阿育王在西元前246年就已派遣僧伽一千多名，攜帶佛經，分往各地去傳法。派到國外去的，東至緬甸，西至大夏，南至錫蘭，北至東亞細亞。在那個時期，釋利防等十八人極有可能就是阿育王派來的。可是釋利防等人，何以又會先到咸陽宮來呢？原來他們從印度的迦摩縷波國向東行，只需兩個月的路程就可以

13

到達四川，再從四川到咸陽，這一條路線是唐玄奘在印度時打聽到的。昔日老子騎青牛西出函谷關，也曾經過流沙、沮沫，以及毗瑪城，其路線也是從四川出發。老子風燭殘年，卻不願安居於中國，竟要長途跋涉西往印度，可見佛法的魅力。有人說老子是西域人，俗話說「落葉歸根」，老年人往往會思念故鄉，結果他走到毗瑪城，就在那裏歸天了。這條路線崎嶇難行，日子久了，不免荊棘滿途，後來便不再有人在這條路線上往來了。

釋迦牟尼的時代，約當西元前六世紀中葉，正是我國春秋時代，與孔子同時。他是當時迦毗羅國Kapilavastu國王的長子，父親名淨飯Suddhodana，母親名摩耶，在樹下休息的時候，生下了悉達多王子。悉達多Siddhartha，姓是喬達摩Gautama。因為他屬於釋迦Shaya族，人們又稱他為釋迦牟尼，意思是釋迦族的聖人。

# 天玄地黃，參禪之始

林間松韻，石上泉聲，靜裏聽來，識天地自然鳴佩；草際煙光，水心雲影，閒中觀去，見乾坤最上文章。

——佛家禪理

《列子》這本書，有優美的文字，有精妙的道理，可以說是開中國佛教參禪的先河。

據《列子》記載：昔日老成子曾經向尹文先生學習過幻術，「幻術」二字，在佛教謂之神通。老成子既然拜尹文先生做老師，因而在尹文先生門下服務了三年，但尹文先生並沒有把修學幻術的方法教給他。老成子心想自己一定有過錯，老師才不肯教他，於是就向尹文先生告辭，要返回自己的家鄉去。尹文先生看見老成子執意要走，就把他叫入房中，秘密地對老成子說：「我曾經跟從老聃學道，老聃西出涵谷關的時候才回頭對我說：『世間萬物都是幻化而來的，宇宙間的一切，是由陰陽變化出來的，世人稱之為生死，或稱之為生滅。但是那些已經參透了宇宙秘密的哲人，卻能把種種物體的表狀改變過來，世人就稱之為幻化。當然，宇宙人生的道理很巧妙、很深奧，不是輕易窮究得出來的。如果人為地去改變它的原形，則它的巧妙處便比不上天然的東西。故此雖然能以人工幻化出來，終歸是隨起隨滅。』徒弟呀，這些話都是老聃告訴

我的，如果你覺悟到幻化等於生死，那麼就可以學幻術了。我和你都是幻化出來的，何必要追根究底呢？」尹文先生說完之後，老成子就束裝上道回家去了。他回到家裏以後，日夜思考尹文先生的那番話，以致於思考到廢寢忘食，如此深思了三個月之久，恍然大悟，竟能操縱自己的思想——要打妄想的時候，任由它去打；不打妄想的時候，就一念不生，心裏好像雲消月朗，安閒自在。從此得到神通，能改換天時，變化陰陽；冬天能起雷，夏天能降冰；飛者會善走，走者會善飛。老成子將幻術學成之後，終其一生都沒有向人表演過，更沒有著書立說，至於方法如何，後世早已失傳了。

以上一段，可以說是密傳心要的文字。在表面上看來，所謂「終身不著其術，故世莫傳焉」一句，好像真的已經失傳，其實已經傳了出來，正所謂「佛祖拈花，迦葉破顏」，就是參禪的要訣。

蘇東坡對禪宗情有獨鍾，歷久彌堅。禪宗透脫無礙，隨緣任運的人生哲學，使得蘇東坡在種種危難困厄中都能保持通脫無礙的姿態和積極樂觀的信念。他曾在《東坡居士過龍光留一偈》中盛譽禪宗：「所得龍光竹兩竿，持歸嶺北萬人看。竹中一滴曹溪水，漲起西江十八灘。」

# 白馬馱經，傳佈東土

「狐非獅子類，燈非日月明；池無巨海量，丘無嵩嶽榮。法雲垂世界，法雨潤群萌；顯通稀有事，處處化群生。」

——攝摩騰的偈語

漢明帝永平八年（西元65年），漢明帝夢見一個金色神人，身高一丈六尺，頭頂的圓光好像日輪一般，從空中飛到殿前，光芒四射。明帝驚醒之後，把夢中所見的情景告訴文武百官，叫他們占算一下夢中所示的祥瑞爲何。太史公傅毅，上知天文下知地理，博覽群書，久經世故，他向明帝奏道：「臣按照《周書異記》所載：周昭王二十四年甲寅四月初八日，剛天亮的時候，忽然吹起一陣大風，把宮殿樹木吹得震動，江河山泉以及水池忽然漲滿，甚至井水都漫了出來。晚上又有五色光氣射入太微星座，星光偏照西方，盡作青紅色。昭王以這種瑞相問太史公蘇由，蘇由奏道：『現在有個人聖人生在西方，故此天空之中出現祥瑞。以臣計算，一千年後，他的聲教才會傳到中國。』周昭王命人將這件祥瑞事蹟刻在石碑上面，埋在南郊天祠之前，以留後世。今陛下所夢見的金人，大概就是西方的大聖人，其名爲佛；以年歲計算起來，今年是辛酉，已經一千零十年了。」明帝聽了，十分感動，立刻派遣中郎將蔡愔、博士弟子秦景、王遵等十四人前往西天竺。

這一行人中途在大月氏國遇到兩個梵僧，一個叫做攝摩騰，一個叫做竺法蘭，蔡愔等十八人請求攝摩騰和竺法蘭渡過流沙，把佛經和佛像用白馬運到中國。到了洛陽之後，那兩個梵僧前去朝見漢明帝，明帝十分歡喜，請他們暫且住在鴻臚寺內，後來又在洛陽城西的雍門外建築一座伽藍，以白馬馱經之故，取名白馬寺。

一天，漢明帝問道：「佛陀降臨世間，爲什麼他的教化不到中國來呢？」

攝摩騰答道：「天竺的迦毗羅衛國位於三千大千世界一百萬萬個日月的中心，因此過去諸佛、現在諸佛以及未來諸佛都在天竺國出世，甚至天人、神龍、人鬼，凡是有願的以及有修行的，也都在天竺出世，以便就近接受佛陀的教化，容易悟道。至於其他地區的眾生，或許沒有福德因緣，不能感受到善果，因此佛陀就不到那個地方去托生。可是佛陀的慈光所照之處，或者有些在五百年後，有些在一千年後，有些在二、三千年後，那時都會有聖人去宣揚佛世尊的聲教，去化度他們。佛陀具有平等大悲不捨眾生之精神，其教化的流傳，不過是時間的早晚而已。」

漢明帝聽了，不覺龍顏大悅，又看到他們帶來的優填王所畫的釋迦牟尼佛像與夢中所見過的一模一樣，於是更生敬重之心，便使畫工照樣畫了幾幅，其中一幅掛在南宮清涼台，一幅掛在高陽門的顯節壽陵上供養。又使人在白馬寺的牆壁上描繪出千乘萬騎的人物，圍繞著佛塔三重，同時，又請攝摩騰和竺法蘭翻譯佛經。他們最初譯出《四十二章經》，後來又譯出《十地斷結經》、

《佛本生經》、《法海藏經》，以及《佛本行經》，但因兵荒馬亂，譯出的經典全部都遺失了，只有江東還有《四十二章經》，而《四十二章經》便是傳入中國最古老的佛經。

在竺法蘭譯經的期間，有些官員和學者問道：「從前漢武帝開鑿昆明池時，從池底挖出黑灰，當時漢武帝就此事詢問博學多聞的東方朔，東方朔說：『這種灰，無書可以查考，只可請問胡僧，胡僧或許曉得。』現在大師從西域來，請問那種黑灰是什麼東西？」竺法蘭說：「哦！這是劫灰，因為世界要毀滅的時候，劫火遍滿虛空，把這個世界燒壞了，才留下這一種黑灰。」當時的官員以及學者因此才覺悟到東方朔的話是有根據的。

當時的道教十分盛行，道士們害怕佛教興盛之後，道教就會被人們輕視，因此對佛教十分排斥。五嶽道士褚善信等一千二百人上表朝廷，要跟那兩個梵僧鬥法。漢明帝徵求兩個梵僧的意見，梵僧答應了下來，明帝便批准道士們的表文，准許他們跟和尚鬥法。明帝召見尚書令宋庠，吩咐於元月十五日將所有道上集中在白馬寺，又在南門搭起三座法壇。所有道士的經典，共三百六十九卷，放在西壇上面；所有二十七家的諸子百家書籍，共二百三十五卷，放在中壇上面；所有祭祀百神的供品，如三牲之類，都放在東壇上面。漢明帝又搭起一座行宮，在寺門的西邊安放著佛的舍利，以及梵僧帶來的佛經。

鬥法的第一個內容是和尚與道士辯論。提到辯論，道士當然辯不過和尚，佛教有四種辨證法，第一是現量，第二是比量，第三是聖言量，第四是神通

量。除了這四種量外，還有一種是所知量。若是跟人家辯論，就要用比量，兩個梵僧之中，竺法蘭擅長因明學的三支比量，那些道士們因為不懂得辨證方法，怎會辯得過竺法蘭呢？

鬥法的第二個內容是比神通。說到神通，攝摩騰已經是一個阿羅漢，羅漢有六大神通：第一是天眼通、第二是天耳通、第三是他心通、第四是宿命通、第五是神境通、第六是漏盡通。鬥法剛一開始，就有成千上萬的官民潮湧而來。漢明帝叫人把佛經放在寺門邊的西壇上，把道經放在中壇上，壇下各燃起一堆大火。那些道士們繞著法壇哭著禱告道：「當今皇帝信了邪教，因此請出

真經，用火考驗，敬請天尊和大仙顯聖保佑。」怎曉得，中壇霎時之間烈焰飛騰，所有道經全部化為灰燼。而西壇上的佛經越燒越是放光，火焰熄滅之後，佛經一無所損，完好如初。這時攝摩騰升到虛空之中，坐上大蓮花，隨風往來，或升或降。滿朝文武城鄉內外，萬萬千千對眼睛莫不仰望，歡呼之聲震動遐邇。

那些道士們並非沒有神通，在沒有開始鬥法以前正是元宵佳節，有些道士能在空中行走、有些道士能在水面往來、有些會穿牆過壁、有些則變化莫測，洛陽城中的老

百姓，家家戶戶焚香禮拜，都說他們是真仙下凡，連漢明帝也以爲和尚鬥不過道士。可是到了鬥法這一天，升上虛空的會跌下來，行在水面的會沉下去，碰牆牆不穿、撞壁壁不透，叫了幾十聲的變、變、變，卻總是變不起來，只能眼睜睜地看著道經被火燒毀，無法挽救。這時，只見攝摩升騰在虛空之中，一個變作十個，十個變作百個，百個變作千個，滿虛空都是攝摩騰，滿虛空都是天花，滿虛空都是音樂。佛的舍利在此時又放出五彩的奇光，在虛空之中猶如羅傘一樣，籠罩著整個會場。那些道士們猶如耗子遇見了貓兒，動彈不得，當場氣死了褚善信、費叔才等幾個老道，其他六百多個道士，聽從了太傅張衍的勸告，皈依了佛教。洛陽城郊內外的王公大臣，學者名流及民眾共計一千四百多人，皈依的皈依，求戒的求戒，出家的出家。漢明帝還親手替那些出家的人削髮。從此中國正式有了佛、法、僧三寶，奠定中國佛教的法城。

## 白馬寺

　　位於中國河南洛陽城東12公里處，古稱金剛崖寺，號稱「中國第一古刹」，是佛教傳入中國後第一所官辦寺院。它建於東漢明帝永平11年（西元68年），距今已有1900多年的歷史。以「白馬」為名，或謂因明帝遣使以白馬負經還；或謂有外國王毀破佛寺，夜有白馬繞塔悲鳴，王即以未壞的招提寺改為白馬寺。白馬寺，在我國佛教史上佔有重要地位，被尊為「釋源」和「祖庭」，享有獨特的地位。

# 勘破輪迴，一朝解怨

生死始於因果，活在世上，就不要把恨怨放在心裏，有道是冤冤相報何時了，唯有以德報怨，才是結束一切冤怨的根本。用道德去感化，不要生起怨恨心，以怨報怨永遠不能化敵為友。

——佛家禪理

漢桓帝時，梵僧安世高不畏長途跋涉來到中國。

安世高是西域安息國（即現在的波斯）的太子，又名安清，從小就聰明好學，對於七曜五行的天文學、藥材方脈的醫藥學，以及種種奇術異能，甚至鳥獸的啼叫聲，無不通曉。一次，他看見一群燕子飛來飛去，就對朋友說：「我聽見燕子說：『一會兒有人送東西來！』」果然，過了不久就有人送來圖書。安世高曾經對家人說：「我前世是個和尚，有個同學脾氣很壞，很容易生氣，有些施主做事做得不對，他便發起嗔怒來，我屢次規諫，他都不思悔改。我離開安息國時，與他告別說：『我要到中國去償命債，你的學問不在我之下，又精通佛理，只是你的脾氣不好，容易發怒，如果不加克制，來生恐怕會墮落惡道。倘若我將來有能力的話，一定會超渡你的。』說完以後，我來到中國的廣州。當時正遇到流寇作亂，途中一個賊少年看見我，立即張大眼睛，拔出明晃晃的利刃說：『今天終於找到你了！』我笑著說：『我前生欠你的命債，如今

22

我不遠千里而來，就是來還給你的。』我面無懼色，將脖子一伸，任他斬殺。那個賊少年不由分說，一刀將我的頭顱斬掉。路邊圍觀的人看到後，無不為之驚嘆。我前生被人殺死後，便投胎在安息國王的家裏，是為王太子安世高。」

安世高為了追求真理，解脫輪迴，廣渡眾生，寧願把王位讓給他的叔父。他自己出家為僧，讀過很多經論，對於小乘佛教的阿毗曇更為精通，又精通禪經。他在西域時遊歷過好幾個國家，四處弘揚佛法。漢桓帝建和二年（西元148年），安世高來到洛陽。他到了洛陽以後，不久便學會了中國話，又譯出《安般守意經》、《陰持入經》、《大、小十二門經》、《修行地道經》、《人本欲生經》、《阿毗曇五法經》、《四諦經》、《十二因緣經》、《轉法輪經》、《八正道》、《禪行法想經》，以及《八大人覺經》，總共有一百七十六部，一百九十七卷。他譯出來的經論多數是小乘法，但他側重於禪觀，在義理上發揮得很清楚。

江南有座共亭湖廟，裏面的廟神一向很靈驗，商人、旅客都來祈禱。曾經有人向廟神求取竹子，廟神不許，那個人執意去砍伐竹子，用船運走，結果那艘載運竹子的船翻落水中，竹子依舊流返本處。當時安世高跟隨旅客三十多人坐船到了此地，船主奉上三牲求廟神降福，廟神降在廟祝身上說：「你們的船上有一個和尚，可請他來。」那些旅客都感到很驚奇，便請安世高來到共亭湖廟。廟神對安世高說：「從前在外國的時候，我跟你一起出家，我雖好行佈施，但性情多瞋怒，被罰做廟神。此處方圓千里都歸我管轄，如今看見老同學到來，令我十分歡喜。我的時日已經不多了，如果死在這裏，只怕弄髒了江

水，所以打算前往山西的大潭之中捨命。我死了以後，恐怕還要墮入地獄道，所幸我尚有一千匹綢絹和一些寶物，拜託你用這些東西來建築佛塔，俾我得以投生在一個好的地方。」安世高說：「我來這裏就是要渡你的，因何不出來相見？」廟神說：「不行！我的相貌醜陋，人們看見必會驚慌！」安世高說：「無妨！有我在他們不會怕的！」於是那個廟神便從床後伸出個頭來，原來是條大蟒蛇。大蟒蛇將頭挨在安世高的膝邊，安世高跟牠講了許多胡人的方言，又為牠念了些經咒，那條蟒蛇悲哀痛哭，淚如雨下，過了好久才離開。安世高取出綢絹和寶物，離開共亭湖廟，乘搭原船出發。那條大蟒蛇又攀上高山遠遠地送行，遙望了很久，才漸漸隱去。安世高的船到了豫章，把共亭廟神的綢絹和寶物變賣，並用所得的金錢建築一間東寺。自從安世高到了豫章，那條大蟒蛇就死了。一天晚上，有個少年到船上來向安世高跪拜請安，經過安世高加持祝福之後，少年忽然不見了。安世高對船上的人說：「剛才那個少年，就是共

亭廟神，現在已經得渡了。」從此以後，那間廟的神便不復靈驗。

後來，安世高又前往廣州找到前生殺害過自己的少年，那個賊少年已經老了，安世高來到他的家中，述說了前生的因果事蹟，大家都很驚奇，安世高說：「我還有一宗餘報，必須前往會稽，了結這一椿命案。」那個老了的賊少年盡力追悔自己的罪過，並且跟隨他到會稽去。來到會稽之後，安世高走入市集，被人用扁擔誤打在頭上，當場就死了。那個從廣州跟來的老人親眼見證了因果事蹟，方才感悟輪迴因果，歷歷不爽，從此深信佛法，精進求道，並且把這一件真實因緣宣佈出來，使遠近的人無不知曉。

據晉朝道安編纂的《眾經目錄》記載，安世高所譯經典共35種，41卷；現存22種，26卷。此外，《歷代三寶記》和《開元釋教錄》所載安世高譯經數量，都比《眾經目錄》多，但根據不足，未盡可信。在現存的22種經中，屬於阿含的16種，屬於修持的5種，屬於阿毗曇的1種。

# 第二章

# 魏晉十六國
# 紮根中土，弘法譯經

# 遺骨舍利，神曜無方

舍利者，是戒定慧所熏修，甚難可得，最上福田。

—— 《金光明經‧捨身品》

　　三國時，有個神僧叫康僧會，本來是康居國人，後來因為他父親做生意的關係，全家搬到交趾。在他十多歲的時候，父母就過世了，他便出家專心學佛，不久就學通了三藏經典，又讀過好多儒書，甚至連天文圖緯等學術，也有很深刻的認識。當時，漢朝已經滅亡，孫權割據江東，江東的佛法，除了支謙歸化中國，孫權拜他做博士以外，佛教還沒有怎麼發展。

　　吳太祖赤烏十年（西元247年），康僧會離開交趾，到達南京。起初他不過是自己搭蓋一間茅屋篷，陳設佛像，朝夕誦經拜佛而已。江東的人們初次看見外國和尚，見他身上所穿的是特殊服裝，又不曉得他有什麼道行，都以為他想圖謀不軌，於是便上報給吳主孫權。孫權聽後心裏一驚：「胡僧？昔日漢明帝夢見金人，其名為佛。現在這個胡僧所信奉的，莫不就是佛嗎？」於是派人把康僧會請來問道：「你所信奉的佛有什麼靈驗嗎？」康僧會說：「佛留下來的教法已有千年之久了，佛的舍利，神奇莫測，後來又有阿育王造成八萬四千個佛塔，無非是表彰佛教的偉大教化，由此可見，佛當然是靈驗的！」孫權聽了，以為他誇大其詞，便說：「若是求得舍利，便為你造塔供奉，若是求不得，則

國有常刑，你當要受處罰。」康僧會說：「陛下要求舍利，請寬限七天！」孫權於是答應了下來。

康僧會勉勵他的同道說：「佛教之興亡，在此一舉。我們若不以至誠之心去祈求，將來悔之晚矣！」於是他齋戒沐浴，打掃好一間靜室，把一個銅瓶放在桌上，然後焚香禮拜，一連拜了七天，卻沒有求到舍利。他向孫權請求延期七天。七天過後，依然沒有感應。孫權說：「你們犯了欺君之罪，該如何處置？」康僧會說：「請陛下再准予延期七天吧！」孫權又答應了。康僧對他的同道說：「這一次，求得舍利則生，求不得舍利則死，大家一定要努力啊！」可是到了最後一晚，還是沒有一點消息，他們個個都驚懼起來。五更天剛過，大家正在緊張的時候，忽然聽見銅瓶裏面「乓」的一聲，康僧會趕快拿起來一看，瓶裏果然有一顆舍利，這時康僧會的同道們才鬆了一口氣。天亮時，孫權如期到來，提起銅瓶，往銅盆中一倒，瓶中的舍利立刻衝了出來，竟把銅盆給衝破了。孫權看到閃閃發光的舍利，大為驚異地說：「嘿！怪啊！真是世間罕有！」康僧會說：「陛下，舍利不但會放光，就是使用劫火燒它也不會燒壞，用金剛杵打它也不會打碎。」孫權聽了，便囑咐大將軍周泰拿去試試看。

康僧會暗暗禱告說：「佛啊！您的慈力已經庇蔭到一切眾生了，還望顯顯神通以廣威靈吧！」這時，周泰把舍利放在鐵砧上，雙手舞動大鐵錘，一連砸了幾十下，鐵砧與鐵錘都打凹了，舍利也沒有絲毫損壞，依然閃閃發光，確實是名副其實的堅固子。從此以後，孫權極其尊重三寶，並且派遣他的部下，為康僧會建築一座舍利塔和一間寺廟，而這間寺廟，就是江東最先修建的建初

寺。

後來孫皓即位，想要廢除神廟，竟把佛像扔入糞池裏，將屎尿澆在佛像的頭頂上，他與大臣們鼓掌大笑，以此爲戲。他剛做完這件事，全身就紅腫起來，下體更是痛得厲害，以致日夜不停地哀嚎呻吟。有個太史公爲他占卜，說是犯了大神所致，於是他便使人前往各處神廟向神像乞靈，卻沒有一點感應。當時宮中有個彩女信佛，便對孫皓說：「皇上的病，恐怕是褻瀆了佛神台！何不把佛像請回來向祂禱告呢！」孫皓此時的身子腫得更加厲害，痛得死去活來，姑且信服了宮女的勸告。他派人把佛像打撈出來，洗得乾乾淨淨，又以香湯洗過數十遍。他便伏在枕上，對著佛像焚香禮拜，發露自己的罪過，淚如雨下地懺悔，果然身上的痛苦漸漸地減輕了。他立刻派人去請康僧會入宮，向他問罪福的緣由，康僧會爲他解說得很清楚，孫皓大爲歡喜，便要去看僧人的戒律。康僧會說：「不是出家人，不可以看戒律。」因而只把行、住、坐、臥的條文給他看。孫皓讀了條文之後，才知道佛教普救眾生的苦心，即時向他受了五戒。孫皓所患的奇病，不到十天就完全好了。

孫皓派遣官員修理好康僧會的寺廟，又向皇親國戚宣揚佛教的偉大，欲使人人尊崇佛法，故常常請康僧會入宮說法。康僧會也曉得他的性情蠢暴，無法和他說微妙的佛法，只好用因果報應的事實來開導他。

晉武帝太康元年（西元280年），康僧會往生，而他的肉身還留在建初寺。

五十年之後，蘇峻造反，把建初寺塔焚毀了，但康僧會的肉身並沒有因此

被破壞，後來司空何充又重新將廟宇修建好。有個叫趙誘世的平西將軍，不信佛法，他走到建初寺對人說：「聽說你們這座佛塔時時放光，這只不過是虛偽宣傳吧！如此怪異，令人難以置信，我要親眼看過才算是事實。不然的話，我便拆毀寺塔。」他剛說完，佛塔便放出五色奇光，將整間殿堂照耀得如白晝一般。趙誘世看到後心生敬畏，從此便皈依了三寶。

到了唐朝，康僧會的肉身居然走向廟門，自稱是遊方僧。寺裏的人大驚失

色，一邊罵一邊驅逐他，他走到大門前對那些人說：「我是康僧會，你們若肯保留我的真身，我會保佑你們的。」當他說話的時候，正是走路時的姿勢。話說完了，站在那裏，雙眼半開半閉，舉起雙手像作揖的樣子，左腳向前跨上一步，便一動也不動了。全寺的人大吃一驚，打算挖土埋葬，可是用盡氣力也不能移動他。寺裏的人只好向他說：「我們另行建築一間高大的殿堂供奉你，請你移動吧！」語畢便很順利地抬走了。

後來有許多軍隊駐紮在寺裏，有些軍人的眷屬在殿堂內生養孩子，有些在殿堂內殺雞殺鴨，血腥遍地。康僧會化身去拜訪閩廉使李若初說：「君侯將要鎮守紹興，請把寺內的軍眷搬走吧！」說完以後，便無影無蹤。李若初遇到這一件不可思議的事情，又驚又喜，不久果然調到紹興做官。他一到任，便去拜見康僧會的肉身，果然是昔日對他說話者，從此李若初便把軍眷遷回軍營去。在軍營居住的婦女們，有的在夜裏臨盆生產，因為沒有蠟燭，康僧會就化身從窗外送進一支蠟燭。康僧會的威靈顯赫，常常會走進人家解救危難。像這類的事情說之不盡，所以當地的人民都叫他為超化禪師。

## 三千世界

按佛教典籍《俱舍論》中的說法，具有完整的四大洲、諸小洲、日月星辰的世界一千個稱為第一千世界，一千個第一千世界稱為第二千世界或中千世界，一千個第二千世界稱為第三千大世界。

# 魚山梵唄，響遏行雲

暮鼓晨鐘驚醒世間名利客，經聲佛號喚回苦海夢迷人。

——濟南興國禪寺門兩側石刻對聯

陳思王曹植，字子建，是魏武帝曹操的第四子。十歲時便會寫很好的文章，下筆成文，不加刪改，神思敏捷，七步之內就可以做成一首好詩。他的《豆萁詩》：「煮豆燃豆萁，豆在釜中泣；本是同根生，相煎何太急？」即是千載有名的好詩。他對世間的藝術無不通曉，沒有一樣不做到絕頂功夫，所以當時的邯鄲淳一看見他，就嘆為天人，驚駭折服。

曹植的母親是一個佛教徒，當他的母親誦讀佛經時，曹植在旁，每每流連嗟嘆，認為佛教的道理正確而徹底，於是也信奉佛教。他製成一種歌讚，是用七種音律湊成的，唱起來抑揚頓挫，十分動聽，後人都模仿他的唱法。有一天，他到魚山，忽聞虛空之中有梵天的音樂，清雅哀婉，響遏行雲，當時不只他一個人聽到，連他帶來的侍禦隨員也都聽得很清楚，他們聽了很久，驚嘆不已。以曹植的聰明，很快就悟出了很深妙的道理，於是模仿這一種音律，寫成梵唄，譜出佛教的音樂，名為《魚山梵唄》。流傳下來的梵唄共有六段，謂之六契。後世佛教門中的唱誦，就是由他發起的。

### 「佛」

　　「佛陀」的簡稱，是Buddha的音譯，如果用今天的漢語音譯，應當是「布達」，佛陀的意義是「覺者」或「智者」。「佛陀」是印度早就有了的字，但佛教給它加了三種涵義：一、正覺對一切法的性質相狀，無增無減地、如實地覺了；二、等覺或遍覺不僅自覺，即自己覺悟，而且能平等普遍地覺他，即使別人覺悟；三、圓覺或無上覺自覺覺他的智慧和功行都已達到最高的、最圓滿的境地。

# 神化西域，跡應東京

大哉闕公，歆虛納靈；神化西域，跡應東京。徘徊霄墟，流響耀形；豈欽一贊，示以匪冥。

——支道林

西元265年，司馬炎篡奪了魏元帝的天下，改國號叫晉，建都於洛陽，是為晉武帝。當時有個居士名叫闕公則，是趙國人氏，平日恬淡安閒、蕭然物外，很虔誠信奉佛法，每天都誦讀《正法華經》。他去世以後，許多同道們為悼念他在白馬寺集大會。當晚，大家正在誦經為他超渡時，忽然聽到空中有聲音，這些集會的人都出門仰頭觀看，只見空中有一個身材魁偉、服飾光豔美麗的人對他們說：「我是闕公則！現今居於西方極樂世界，知道你們在此誦經，故與諸菩薩前來這裏聽經。」當時全堂的人聽到他的話都非常驚喜。

在這些人中有一位苦行居士，名叫衛士度，在闕公則的門下受業。衛士度的母親平日就非常仰慕闕公則，又時時供養僧尼。在這日的中午，她剛走出齋堂，忽然從空中掉下一件東西，恰好落在衛士度的母親身前。她仔細觀察這件東西，原來是闕公則常用的缽盂，滿滿的白飯尚在其中，此白飯與俗間的白飯有所區別，此飯氣香味美，吃過的人，七天都不覺得飢餓。這個缽盂，一直都珍藏在她的家中。

　　「金色世界」五臺山、「銀色世界」峨眉山、「琉璃世界」普陀山、「蓮花世界」九華山。相傳山西五臺山曾是文殊菩薩的道場，四川峨眉山曾是普賢菩薩的道場，浙江普陀山曾是觀音菩薩的道場，安徽九華山曾是地藏菩薩的道場，故稱之為「佛教四大名山」，明朝起就有「金五臺、銀普陀、銅峨眉、鐵九華」之說。

# 以貌取人，不識神僧

　　若以色見我，以音聲求我，是人行邪道，不能見如來；一切有為法，如夢幻泡影，如露亦如電，應作如是觀。

──《金剛經》

　　抵世常是中山地方人氏，家裏很有錢。在西晉武帝太康年間（西元280年～西元289年），朝廷禁止平民出家，可是抵世常信奉佛法甚為精進，便悄悄地在自己家裏建築一間精舍，同時他還供養僧尼，甚至很有名的高僧於法蘭也受到他的供養。凡有僧人到他的家裏來，從沒有被拒絕的。

　　一天，來了一個比丘，相貌生得醜陋，衣服又很殘舊，滿腳都沾上濕泥。抵世常出來招呼他，打發一個家奴取水給他洗腳。那個比丘不要家奴代洗，而要抵世常親自洗，抵世常說：「唉！我年紀老了，又有些疾病，可否叫家奴代洗？」比丘不滿意，偏要抵世常來洗，抵世常心裏有些不舒服，悄悄地罵了兩句就走開了。怎曉得那比丘突然變做八尺多高的佛菩薩，顏容瑰偉、莊嚴殊勝，釋放出一道白光，便向虛空飛去，這時抵世常才知道是佛菩薩下凡，於是捶胸悔恨，撲入濕泥當中。當時他家裏的僧尼道俗以及街上的行人，個個都看見那個神僧飛上虛空，離地數十丈高，了了分明，兼且香風陣陣，經過一個月之久，香氣還沒有消散。

## 如來

　　這個名詞是從梵語tathāgata譯出來的。「如」字就是「真如」，即一切法事物的真實狀況，它又包含「如實」的意義。佛經對「如來」的解釋是：「乘真如之道而來」，又說「如實而來」。「如來」是一個通用名詞，它是「佛陀」的異名。如釋迦牟尼佛，可以稱釋迦牟尼如來；阿彌陀佛，可以稱阿彌陀如來。

# 天理昭昭，報應不爽

罪福回應，如影隨形。未有為善不得福，為惡不受殃者。

——《栴檀越國王經》

　　晉惠帝（西元290年～西元306年在位）時，有個僧人名叫帛遠，字法祖，河南人氏，生下來就才思敏捷，聰明絕倫，每日誦經要誦八、九千字；研究《方等經》，妙入幽微，甚至通曉世俗的經書。帛遠少年時就萌生了悟道之心，請求父親允許他出家，言辭懇切，父親無法改變他的志向，於是便聽任他削髮為僧了。帛遠在長安修築一間精舍，經常在此弘揚佛法，來聽經的有上千人；他又悉心翻譯了幾本佛經，對禪理有獨到的見解。

　　道士王浮常常與之來往，一見面就辯論邪正，可是王浮總是辯不過他。王浮不甘心失敗，為了提高道教的地位他偽造了一本《老子化胡經》。晉惠帝末年，帛遠想要去隴右隱居，恰巧此時張輔做秦州刺史，鎮守隴上，他就與張輔同行。帛遠有崇高的名望和德行，所到之處眾望所歸，張輔想讓帛遠還俗當他的僚佐，以此來提高自己的聲望。但是帛遠信仰佛教的志向是不可改變的，於是張輔便懷恨在心。當時秦州有個叫管蕃的人，與帛遠辯論也是屢戰屢敗，早已銜恨已久，多次在張輔面前進讒言，誣陷帛遠。

一日，帛遠對弟子說：「再過幾天，我的前世之對就要來了，今日就要與諸位道別了。」說完之後，將經書、佛像和資財分給眾人，留下一封書信，飄然而去。

第二天一早，帛遠就來到張輔的府第，兩人話不投機，帛遠頂撞了張輔，張輔就將法祖抓起來，要實行刑罰。帛遠無辜被押，當時的人都為他鳴冤嘆息，帛遠說：「沒關係，我是來還命債的，這一樁命案下很久了，不是今生的。」說完，他高聲唱著十方諸佛的名號，並發露前生的罪業因緣，願從此以後與張輔做善知識，豁免他殺人之罪，然後很歡喜地受刑而亡。張輔聽到這件事後深感痛悔，所有在家和出家人都為之憤激，隴西的羌族聽到帛遠遇害的消息，悲恨萬分，群情激憤，發誓要為帛遠報仇。他們派出5000精銳騎兵，奔襲迎戰。趁勢殺了張輔，而管蕃亦不得善終。

　　當時一個叫李通的人，死而復生，他說在地下曾看見帛遠法師爲閻羅王講《楞嚴經》，講完後便往生忉利天宮；又看見王浮被戴上枷鎖，向帛遠求懺悔，因爲他僞造過《老子化胡經》來毀謗佛法。可見天理昭昭，報應不爽，並非虛言。

## 十八層地獄

　　刮舌地獄；剪刀地獄；鐵樹地獄；孽鏡地獄；蒸籠地獄；銅柱地獄；劍山地獄；冰山地獄；油鍋地獄；牛坑地獄；石壓地獄；舂臼地獄；血池地獄；枉死地獄；磔刑地獄；火山地獄；石磨地獄；刀鋸地獄。

# 買鱉放生，傾力寫經

善人恩及後代，連兇惡的盜賊都相誡不犯，此所謂為善至真，唯至誠才能感召像這類的人。施善總能得善緣，結善果。

——佛家禪理

揚州有個叫嚴恭的人，原本是泉州人氏，家中十分富有，況且他又是獨子，父母對其非常的寵愛。

在他們尚未舉家遷往揚州以前，嚴恭曾做了一件很大的功德。那是在陳宣帝太建初年的時候，弱冠之年的嚴恭向父母要了五萬錢，到揚州去做生意。在距揚州還有數十里的時候，他在江中看到一艘漁船，滿載著鱉魚。嚴恭看到這一船鱉將被人殺，心中十分不忍，決定買下來放生，於是對船主說：「我想買鱉放生，不知可否？」

船主說：「我船上的鱉魚，每隻都需一千錢，錢少了我可不賣！」

嚴恭又問：「不知船上一共有多少？」

船主說：「共有五十隻，需五萬錢則可。」

嚴恭傾囊而出，船主歡喜，收錢付鱉離去。

嚴恭把鱉盡放生到江中，空船往揚州去了。那艘漁船行了十多里之後，忽然遇到一陣怪異的風浪，船毀人亡。

就在那天晚上，嚴恭的父母正在家中閒坐，有烏衣客五十人登門求借宿，並說：「嚴恭遣他們把五萬錢送回，他在揚州已經不需要這筆錢了。」

嚴恭的父母以為兒子死了，便詳細詢問他們，他們說：「令郎無恙，請你們放心！」

說罷，就把五萬錢如數的交給嚴恭的父母，這些錢還是濕的。嚴恭的父母趕緊設宴款待，這五十位烏衣客吃完飯就早早地安歇了。次日一早，便告辭而去。

一個月後，嚴恭回到家裏，父母看到兒子平安歸來大為高興，並問他為何託人把錢帶了回來。嚴恭聽後十分不解，於是父母就把所見客人形狀及付錢日期都說了出來。嚴恭恍然大悟地說：「啊！是了！我把五萬錢全部買鱉放生了，那五十個烏衣客來送錢，一定與此有關。」

嚴恭父母聽了，驚訝嘆息不已。

不久，他們全家都搬到揚州去住，嚴恭在那裏起建精舍，專寫法華經。後來嚴恭又建了許多房舍，闢為寫經室，裏面有書生數十人，常年不斷在那裏寫

經。揚州道俗都尊嚴恭爲嚴法華。

　　嚴恭有一個親戚，見他們家富有，硬要向他借一萬錢。嚴恭不得已，借了一萬錢給他。那個親戚受了錢，用船滿載而歸，誰知中途船翻了，錢全都沉入江底，幸而人未淹死。那天，嚴恭發現錢庫中有一萬錢濕漉漉的，感到十分奇怪。後來聽說借錢的人翻了船，才曉得不該借給他的錢又回來了。

44

　　有一位商人，到宮亭湖一座神廟中設祭並施物。夜裏夢見神送還施物，並對他說：「請君為我持此錢以奉嚴法華，把錢做為寫經之用。」天明，果見所施神之物，已放回家裏。商人嘆異，持錢到嚴法華處，說明來由並厚施之。

　　一次，嚴恭到市上去買紙，因為錢少，正逡巡間，忽見一人，拿了三千錢送給嚴恭說：「助君買紙。」言畢忽然不見，可是錢已在手，嚴恭深感怪異。

　　開皇（西元581年2月～西元600年12月）末年，嚴恭去世，子孫繼傳其業。到隋朝末年，天下大亂，盜賊來到江都，尚互相與約：不入嚴法華住地，因而裏人皆賴以獲全。

## 華嚴宗

　　因以《華嚴經》為根本典籍，故名。又因實際創始人法藏號賢首，也稱賢首宗；該宗以發揮「法界緣起」的思想為宗旨，又稱法界宗。該宗推戴杜順為初祖，而實際創始人為法藏。主要教理為法界緣起說。認為宇宙萬法、有為無為、色心緣起時，互相依持，相即相入，圓融無礙，如因陀羅網，重重無盡；並用四法界、六相、十玄等法門，來闡明無盡緣起的意義。

# 靈異化人，因機施教

正人說邪法，邪法亦隨正；邪人說正法，正法亦隨邪。諸方難見易識，我這裏易見難識。

——趙州禪師

佛圖澄（西元231～西元348年），西域人，本姓帛。九歲時，在烏萇國出家，聰明好學。他先後兩次到天竺國佛教聖地學法，少年時已經得道，聞名當世。爲了宣傳佛教，爲了讓佛的智慧在這塊戰亂不休的大地上重現光明，他於西晉懷帝永嘉四年（西元310年）東行到洛陽，時年八十歲高齡。

當時，羯族首領石勒屯兵葛陂，他的軍隊極其暴虐，以殺人爲樂，僧人也不能倖免。佛圖澄看到這些血淋淋的景象，十分憐憫老百姓無辜被殺，決心用佛法來感化石勒，使他放下屠刀。石勒手下有員戰將叫郭黑略，是石勒的「十八騎之一」，此人雖是一介武夫，卻信奉佛法，佛圖澄打算透過郭黑略實現自己的願望。

這天，佛圖澄拄著枴杖來到郭黑略將軍紮營附近的小河邊，看到許多士兵在河裏游泳，他就坐在河邊的一塊石頭上，把枴杖放在一旁，雙足伸入水裏，並把衣衫解開，袒露著左臂和胸膛。士兵們圍攏過來，發現佛圖澄左乳下面，

有一塊白灰色的瘡疤，只見佛圖澄把瘡疤揭開露出一個洞，將手指伸入小洞內，輕輕一拉，拉出一顆緋紅色冒著熱氣的心臟。他用左手撩著水，不斷地在那兒清洗。那些士兵們看見了，都睜大了眼。接著又看見他將人心放進胸膛裏，將肝臟也拿來出來洗，洗完之後又洗脾肺，脾肺洗完後拉出一堆腸子放到水中去洗，水中的魚兒都來搶他的腸子，佛圖澄搶不過魚兒，只好將腸子塞回洞裏。

這樣的奇事早就驚動了郭黑略，他急忙趕到河邊，只見佛圖澄滿頭白髮，一臉祥和之態，又聽說他剛才洗肝抽腸，深知他是一位有道之士，恭敬之心油然生起，忙不迭地在他的面前頂禮致敬。佛圖澄神態自若地穿上衣服，拿起枴杖，扶起郭黑略，郭將軍請他騎上馬匹，自己牽著馬韁朝軍營方向而去……

　　佛圖澄的弟子法常和法佐，在一個晚上相遇在梁基城下，這時城門已經關閉，任何人都不准進城，他們只得在城外的車子上露宿一宿。長夜漫漫，什麼話都會談到，他們也談到了師父佛圖澄，但他們具體談些什麼，別人無法知曉。

　　天亮以後，法佐進城拜見師父，佛圖澄問他說：「昨夜你和法常是如何談論我的？古人說：『不曰敬乎，幽而不改；不曰慎乎，獨而不怠。』難道你們不懂得這個道理嗎？」法佐聽後，知道師父有天眼通和天耳通，昨夜的事情全被師父洞悉了，不勝愧赧，只有在師父面前叩頭懺悔。這件事傳了出來，人們都說：「莫起歹心，和尚會知道的！」可見佛圖澄這個人，真是個六通具足的大阿羅漢！

「超渡」

　　意義是超越生死，共渡涅盤彼岸，是名超渡也。超渡的對象有三：一、現生中能令迷妄者、邪見者，導歸正見（梵語samyag-drsti），由思想上的矯正，破迷啓悟，是名超渡，是思想上的超渡。二、現生中能依正見而起修，因修而證悟，得入涅盤，因而解脫生死，遠離六道輪迴，是名現生超渡。三、死亡後，眷屬以虔誠之心，邀請出家師父為亡者開示、念佛、誦經、做佛事等等，普令亡靈得以往生淨土，是名善後超渡。

# 行事通神，說法如常

常心沒有造作，沒有是非，沒有取捨，沒有斷常，也沒有凡盛，是道之所在。

——《傳燈錄》

晉朝有個叫耆域的神僧，倜儻神奇，任性忽俗，行跡不定。他從印度來到中國，就像一片雲彩，四處飄浮，每到一處，都留下些神奇莫測的事蹟，令人無法捉摸。他途經現在的越南，從中國南部登陸，在沿海一帶他的神通且不必說，單就在中國內地的表現，就已經讓人驚嘆不已了。

一天，他來到湖北襄陽，想渡過長江去北方，恰好長江南岸有一艘船將要開往江北，於是就請求船家載他一程，船上眾人見他衣衫襤褸，就有些看不起他，還沒有等他上船就催促船家把船開走了。可是船剛到北岸，就發現耆域早就站在了這邊的岸上，船上的人都覺得十分驚奇。這時有兩隻老虎從江邊的樹林裏咆哮而出，一時間行人嚇得做鳥獸散，可是一見到耆域就像兩隻溫順的貓兒一樣，向他俯首貼耳，絲毫沒有傷害之意。耆域伸手撫摸了幾下老虎的頭，並向牠們耳語了幾句，那兩隻老虎就很聽話地走開了。江邊的人看見他有這樣的神蹟，都成群結隊地跟隨著他，希望他有更多神奇的表演。

　　晉惠帝（西元259年～西元306年）末年，耆域來到洛陽講法，民眾向他叩頭禮拜，他只是不動聲色地跪在那裏。耆域能夠通曉人的前世因緣，他說支法淵是從羊身上轉世而來的，又說竺法與從人身轉世來的。他認為洛陽宮城的樣式和規模像忉利天宮，於是就對人說：「主持修建宮城的工程師是忉利天宮裏的神仙，他在工程結束之後，就返回到天上去了。在屋頂的瓦下面，曾經有一千五百個工作器具放在那裏。」後來他去查問城裏的居民，居民都說從前建築宮城的工程師，確實曾把工作器具放在瓦的下面。

　　衡陽太守滕永文，寄居在洛陽滿水寺。一日忽然兩腳攣屈，不能起行，求醫問藥，總不見效。耆域來到後看了看，取來一杯清水和一枝楊柳，用柳枝沾上清水，遍灑病人的全身，然後雙手合十向病人念過三遍咒，再揉一揉病人的雙膝，病人立刻就能行走如飛。滿水寺有數十株已經枯萎的相思樹，滕永文對耆域說：「這些樹已經枯萎好幾年了，恐怕是無法復活了。」耆域微微一笑，他又照醫治滕永文的方法，對著枯樹唸唸有詞，片刻之後，奇蹟出現了，所有的枯樹都恢復了生機，發芽抽條，並且長出青枝綠葉來。

　　有一年夏天，一個肚子痛的病人，痛得尋死覓活，正在危急之際，耆域趕到了，他把缽盂放在病人的肚子上，並用白布將其蓋住，然後唸咒發願。他唸唸有詞地唸了半個時辰，只見屋子臭氣沖天，那個病人從床上一躍而起，口中不住地說：「我活了！我活了！」耆域把白布打開，只見缽盂裏面裝滿了污泥一樣的東西，臭不可聞，病人就這樣被他醫好了。

西晉末年正值兵荒馬亂之際，耆域決定離開洛陽，返回印度。有個叫竺法行的出家人對耆域說：「上人啊！既然你是一位得道的高僧，請留下隻言片語，俾我們有所皈依，可以嗎？」

耆域點頭同意，他登上講壇，召集所有僧眾，說一句偈：

守口攝身意，戒除一切惡；
修行一切善，如是得渡世。

他說完之後，默然不發一語。竺法行說：「願上人開示我們，說一些我們沒有聽過的，這一首偈，八歲孩童都耳熟能詳了。」耆域笑了笑說：「八歲雖能誦，百歲卻不能行，能誦又算得了什麼呢？世人只知敬重得道的人，卻不知按照這首偈去修行。如果能去惡揚善，自然能夠成仙得道。」

　　洛陽的民眾聽說耆域要離開，都在同一天爭先恐後地邀請他到家裏吃午飯，他一一答應下來。等到那一天，五百多處地方都有一個耆域來應供。請他吃飯的那些人，都皆大歡喜，都認為神僧跟自己特別有緣，別處不去，只接受自己的邀請。直到大家談及此事，他們才得知每一家都請到了這位神僧，原來他有分身之術。

　　他起程回印度的那一天，很多同道都去送行，大家逶迤來到洛陽城外，耆域在眾人前頭慢慢地走著，大家卻追不上他，走了一會兒，他停下來用錫杖在地上畫了一畫，對送行的人說：「各位留步吧，貧僧就此告別了！」於是就杳杳無蹤地飄然而去。當天有人從長安回來說，他曾在長安的一所寺廟裏看見過耆域；還有一個叫胡濕登的商人說，那天黃昏的時候，在距離洛陽九千多里外的西部大漠之中，也看見過耆域。從此以後，這位神秘莫測的高僧便不知所終了。

## 「法」

　　「法」字的梵語是達摩Dharma。佛教對這個字的解釋是：「任持自性、軌生物解。」這就是說，每一事物必然保持它自己特有的性質和相狀，有它一定軌則，使人看到便可以瞭解是何物。佛教把一切事物都叫做「法」。佛經中常見到的「一切法」、「諸法」字樣，就是「一切事物」或「宇宙萬有」的意思。照佛教的解釋，佛根據自己對一切法如實的瞭解而宣示出來的言教，它本身也同樣具有「任持自性、軌生物解」的作用，所以也叫做法。

# 精誠所至，佛像開言

是故眾生莫輕小惡，以為無罪，死後有報，纖毫受之，父子至親，歧路各別，縱然相逢，無肯代受。

—— 《地藏菩薩本願經》

「五柳先生」陶淵明的曾祖陶侃，在晉成帝時因平定蘇峻之亂有功，拜為征西大將軍，兼管荊州和襄陽軍事。陶侃的母親湛氏，信佛賢能，當初家裏十分貧窮，湛氏靠自己紡織勉強維持生活。當初陶侃做潯陽縣令的時候，曾叫人把官府裏的鮓魚送到家裏奉養老母親，老母親見狀十分生氣，寫信責備他說：「你把官府的公有物品拿來奉養我，不但於我無益，反而會增加我內心的不安，以後不得如此！」

有一天，高士范逵前來造訪，當時大雪紛飛，人困馬飢，陶侃的母親將所臥的草席割破，用來餵范逵的馬，又把自己的頭髮剪下來變賣掉，用所得的錢置辦酒席。范逵得知此事後，忍不住嘆服說：「非此母不能生此子！」

陶侃做廣州刺史時，海邊的打魚郎曾向他報告說，他們發現海面上不斷有金光閃耀，一定會有祥瑞出現。陶侃急忙派人前往海邊查看，只見一尊金色佛像從水裏升騰而出，眾人即時把祂撈起。這尊佛像上面鑄有字跡，原來是阿育

王所造的文殊師利菩薩像。

阿育王在沒有皈依佛門之前性情十分殘酷，想要學鬼王制度，造成人間地獄。這時文殊師利菩薩現身在湯鑊裏，雖然釜底烈焰熊熊，可是鑊中的水卻依舊清涼，並且從鑊中還生出一朵碩大的青蓮花。阿育王看見後大為感動，立刻將人間地獄拆毀，改造成八萬四千個佛塔，同時又鑄造出八萬四千尊佛像，陶侃從海裏撈起來的，就是其中的一尊。

陶侃原本是個儒家子弟，雖然孔武有力，官拜大將軍，但是卻不信仰佛教。如今看見佛像金光四射，又從水面凌波而來，十分驚嘆佛家的無邊法力，從此改變了對佛教的看法，對佛法也開始分外尊重起來。陶侃起初派人將佛像安放在武昌的寒溪寺，後來又想運往荊州，在搬運的過程中，數十個大力士都搬不動它，後來用足了人力，並用車來拖，才勉強拖到船上，可是剛放到船上，連船帶佛像卻突然沉入水裏。工人把這件事情報告給陶侃，陶侃只得改變初衷，叫人把佛像送返寒溪寺。工人正在打撈之時，佛像立刻又浮了起來，只用了三、兩個人就輕易地將它搬到了船上。後來慧遠法師想把佛像迎入廬山，結果很順利地運到了山上。

到了隋朝末年，流寇肆虐橫行，廬山的僧人不堪忍受都逃離了寺院，只有一個老和尚因年老體衰落在後頭。一天，他顫顫巍巍地來到佛像前拜別，怎曉得佛像竟開口說話：「你都這樣老了，姑且住下來吧！何必離我而去呢！」老和尚聽到佛像說話，認為神靈有知，一定會保佑自己的，於是依言住了下來。

　　不久，流寇董道沖率眾騷擾江州，他手下的賊徒來到廬山想搜刮些錢財，便捉住老和尚向他勒索金錢。老和尚說：「我窮困潦倒，哪裡有錢給你啊！」賊徒不信，威脅要用火燒死他，老和尚說：「我若是死在這裏，會弄髒了這座佛殿，還是讓我死在外面吧！」賊徒看到老和尚毫不畏懼，自己又沒有撈到什麼油水，便惱羞成怒，將老和尚拖出寺外，正要動手殺他的時候，老和尚又說：「貧僧已經是風燭殘年了，自認平生沒有辜負過聖教，待我唸唸佛好嗎？」老和尚唸完之後，閉上眼睛將脖子一伸，等待受刑。賊徒見他伸出脖子來，就一刀砍了下去。沒想到，賊徒用力過猛，非但沒有砍中老和尚，反將刀尖刺入自己的心窩。其他的流寇見狀大吃一驚，緩過神便四處逃散。當時天氣原本晴朗，頃刻之間，烏雲密佈，電閃雷鳴，瞬間就劈死了六個流寇。從此以後，流寇再也不敢上廬山來騷擾了，江州的百姓大多攜帶金銀細軟來廬山躲避災難，很多人的性命都得以保全。

### 樂山大佛

　　地處四川省峨眉山市東31公里的樂山市郊，岷江、青衣江、大渡河三江匯流處，與樂山城隔江相望。樂山大佛雕鑿在岷江、青衣江、大渡河匯流處的岩壁上，依岷江南岸凌雲山棲霞峰臨江峭壁鑿造而成，又名凌雲大佛，為彌勒佛坐像。樂山大佛是唐朝摩岩造像中的藝術精品之一，是世界上最大的石刻彌勒佛坐像。佛像開鑿於唐玄宗開元初年（西元713年），是海通和尚為減殺水勢，普度眾生而發起，招集人力、物力修鑿的，至唐德宗貞元19年（西元803年）完工，歷時90年。被詩人譽為「山是一尊佛，佛是一座山」。

# 沉心棄俗，朱門貧僧

君自見其為朱門，貧僧只見其為蓬門而已。

——竺法深

　　竺潛法師，字法深，是當時高門士族琅琊王氏子，東晉武昌郡公王敦的介弟，在十八歲時皈依佛門，拜在中州劉元眞門下。劉元眞是當時的善知識，道德學問超出常人，遠近聞名，中外莫不推崇。當時的名士孫綽對劉元眞曾讚許有加：「索索虛衿，翳翳閑沖；誰其體之？在我劉公。談能雕飾，照足開蒙；懷抱之內，豁爾每融。」師父受人如此推崇，他的弟子自然也就不同凡響了。

　　竺潛跟他學道之後，看破一切浮華的表象，專心求道。以竺潛的風姿容貌，具足一副莊嚴隆重的僧相，所以他「一言可以興化，令譽滿於西朝」了。

　　竺潛的學問和修養都很深，在二十四歲左右的時候就開始講解《法華經》，對經書中所蘊含的義理，皆能做到言簡意賅，將義理發揮到盡致，使得每一個聽眾都能領悟，故此經常與他交遊的人有五百人之多。到了晉永嘉年間為了躲避戰亂，他渡過長江來到江南。中宗元帝、肅宗明帝、丞相王茂弘，以及太尉庚元規等，對他的高風大德無不欽敬。在建武太寧年間，朝廷特許竺潛穿古時的木屐上殿，為朝中的貴族男女信士說法，可見他的德望之豐隆。後

來中宗和肅宗相繼駕崩，王、庾等人不久也辭世了，竺潛感到世事無常，決心隱居剡（讀ㄕㄢˋ）山，不再與權貴來往。雖然他離群索居，可是循蹤問道的人，還是絡繹不絕。他有時開壇講解佛經，有時解釋老莊學說，這樣悠遊講學有三十年之久。當時的晉哀帝也深好佛法，曾經兩次請他入京講法，他為了傳播佛教，同時也想隨緣暫遊宮闕，於是欣然前往。他在御筵之前開講《大品經》，詞鋒銳利，出語典雅，句句鞭辟入裏，博得了皇帝、大臣、朝野人士的普遍讚譽。

竺潛在晉寧康二年（西元374年）圓寂，烈宗孝武帝下詔表揚說：「深法師，理悟虛遠，風鑒清貞，棄宰相之榮，襲染衣之素，山居人外，篤勤匪懈，方賴宣道以濟蒼生，奄然遷化，用痛於懷，可賻錢（註：賻錢，以財物資助喪家）十萬，星馳驛送。」意思是說：竺潛法師的悟性高、人格清雅，不肯做世襲的宰相，甘願出家求道。雖然隱居山林，但他能專精於修養，非常期望他能夠教化黎民，拯救蒼生，遺憾的是他就此往生，使我十分痛心，只能賜錢十萬為他營葬，使人星夜送到。

竺潛原本生在豪門望族，但對於富貴卻如孟子所說「若固有之」，他能視富貴如浮雲，實屬難能可貴。

## 佛教徒有四眾和七眾之分

四眾指比丘、比丘尼、優婆塞、優婆夷，七眾則是在四眾之外加上沙彌、沙彌尼、式叉摩尼。這7種名稱均為梵語譯音，是佛教中非常重要的、最常用的書面稱謂。

# 因果不虛，死後報信

　　惡自受罪，善自受福。深觀善惡，心知畏忌，畏而不犯，終吉無憂。惡行危身，愚以為易，善最安身，愚以為難。

——《法句經》

　　晉朝時，王坦之與謝安共輔幼主，官至中書令。在他年輕的時候就已經名滿江東，當時的人稱讚他是「江東獨步王文度」。他為人忠公慷慨，喜歡與僧人竺法師交遊，他們常常談及幽明報應之事，相互約定不管誰先死，靈魂都要來報信。後來他們相別了一年之久，一天竺法師忽然來到王坦之的家裏說：「文度，貧僧已經圓寂，從前我們所談的罪報和福報確無虛假，望你勤修道德，日後才能升做神明，西方極樂淨土號令我速去，就此拜別，我去也！」說過以後，忽然不見。

　　唐朝時，河南省有個叫元大寶的人，在唐太宗貞觀年間，做官做到大理丞。元大寶輕視三寶，不信因果，他曾經與同僚好友張散冊也曾談及兩人之中哪個先死就先來報信，以驗證因果報應之說是否可靠。後來元大寶病死在洛陽，張散冊當時還在長安沒有得到消息。一天晚上，張散冊夢見元大寶來對他說：「張兄，小弟命薄福淺，平生不信善惡報應，死後方知因果報應確有其事，請你多多為善修福，好自為之！」張散冊問道：「冥間是怎樣的情形啊？」元大寶說：「竺法師告誡我，冥間的事情不可盡說，我只是告訴你因果不虛就是了。」張散冊一覺醒來，把這一事告訴了家人，第二天，元大寶的死訊果然傳到了長安。

## 佛教的法器之缽

　　僧人所用的食器，有瓦缽、鐵缽、木缽等。一缽之量剛夠一僧食用，僧人只被允許攜帶三衣一缽，此缽則為向人乞食之用。現今泰國等南傳佛教僧人，仍於每日凌晨沿門托缽。

# 誠信修行，必得善經

善惡之報，如影隨形，三世因果，循環不失，此生空過，後悔莫追。

——《涅槃經》

西晉末年，有個著名的法師叫僧顯，他是江東岱郡人氏，俗家姓傅，他的祖先世代都在岱郡做官，岱郡便成了他的家鄉。法師在很小的時候就知道自重，不和那些浮華虛僞的人交往，時常獨自一人坐禪修行。當時前趙的劉曜，在京洛等地四處征戰，搞得雞犬不寧，僧顯只好到江東去遊歷名山。他之所以這樣做，一方面是爲了避禍，另一方面是因爲歷代佛家高僧爲了讓佛法長存世間，往往將道場建在風水寶地上，正所謂「天下名山僧占多」，僧顯在遊歷之中可以接觸更多的同道，相互切磋佛法義理。僧顯佛性赤誠，有超出常人的毅力，即使是懸崖峭壁、人跡罕至的地方，他都攀登上去。僧顯到了晚年，得到一本《淨土經》，經文裏談及西方淨土有九品往生次第，他看後極爲歡喜，從此便專誠觀想西方極樂境界，晝夜不休沒有絲毫怠懈。他一連觀想了九個多月，終於感動了佛陀，一天晚上，他看見阿彌陀佛從虛空中徐徐降下，虛空中散發出百千種寶光，光明遍照僧顯的身體。他禮拜過阿彌陀佛之後，立刻沐浴更衣，向同伴們講述完自己看見的境界之後，便不發一言，盤膝靜坐，最後無疾而終。周邊寺廟裏的人看見天空之中有金色蓮花，向著西方冉冉而去。而僧顯所在寺廟裏的人，都聞到異香滿室，無不認爲是他升西的祥瑞。

《淨土經》

　　是釋迦牟尼佛向眾生講述西方極樂世界的美好幸福，讚頌西方極樂世界的教主阿彌陀佛發下的四十八樁大願、拯救眾生、有情的大經卷，也是佛門中最大的門派──淨土宗所依持的最重要的經文。淨土，就是西方極樂世界。《淨土經》所開示的是生往極樂世界的方法：只要你篤信阿彌陀佛，能一心不亂，連續七天稱頌阿彌陀佛佛號，你就可以往生到西方極樂世界去。

# 棲心佛化，日行千里

我矜一切苦，出家為利世；利世須學明，學明能斷惡。山遠糧粒難，作斯斷食計；非是求仙侶，幸勿相傳說。

——單道開

十六國時期，河西地區造窟建寺，佛教十分興盛，這期間湧現出一批很有名望的高僧。敦煌人單道開就是當時的名僧之一。

他俗家姓孟，從小就懷有隱遁山林的志向，棲心佛化，所誦過的佛家經典有四十多萬字，身上所穿的衣服都是由粗麻布製成。他山居行道，不食穀物，僅食松脂、柏實、細石子等物。每天做完功課後，他就在山中奔跑，練行走功。這樣整整修行了七年，終於練成了神功：冬天，袒胸露懷，不畏嚴寒；夏天烈日暴曬，毫髮無損；晝夜不睡仍精力充沛，翻山越嶺，行走如飛，日行七百餘里。最初他們一行十多人在山洞中居住下來苦修坐禪，十年之後，有的僧徒耐不住這荒山野嶺的寂寥，就偷偷地離開了；有的在飢餓、寒冷中生病死了。最後只有單道開一人能夠貫徹到底，最終功德圓滿。

一天晚上，單道開坐禪到半夜三更，忽然狂風大作，一時間山搖地動，一群青面獠牙的惡鬼，揮舞著刀槍棍棒，謾罵叫囂著來到山洞中，將他團團圍

住。單道牙歸然不動，穩坐誦經，毫不理會。經聲鎮住了惡鬼，它們見奈何不了單道開，只得灰溜溜地退去了。這時風聲驟止，月白風清，一片寧靜。一陣香風徐徐吹來，好多身穿綾羅綢緞的女子，婀娜多姿地進了山洞。這些女子個個都是沉魚落雁之容，閉月羞花之貌，她們圍住單道開搔首弄姿，百般挑逗，若是定力不足之人，早就神魂顛倒，難以自禁。可是單道高誦佛經，如柳下惠一般坐懷不亂。眾美女見他像鐵板一塊，毫不動心，只好悻悻退出洞門，消失在茫茫夜色之中。

原來，這些惡鬼和美女都是山神和樹神變的，前來試探單道開定力，沒想到都鎩羽而歸。

阜陵郡太守十分仰慕他的道行，曾派人牽著一匹馬去請他，但他推辭不去，因為他視眾生平等，厭惡世人奴役生靈。在石虎建武十二年（西元346年），他從西平前往到洛陽，徒步日行七百里。途中經過南安，渡了一個年方十四歲的小沙彌，那個小沙彌也能一日走七百里，和他同樣快捷。當時的太史

向石虎啓奏說：「天上有仙人星出現，可能有高人入境。」於是石虎卜了一道
詔書，命令各處州郡的官員，如果發現有高人入境，務須上奏朝廷。在這一年
冬天十一月，秦州刺史上表，迎請單道開，護送往洛陽。單道開最初住在鄴城
西邊的法糸林祠內，後來又遷往臨漳（註：臨漳即鄴，後趙都鄴）的照德寺。
他在所住的房間裏建造了一座約有九尺高的重閣，在重閣之上，用稻草和蘆葦
編織成一間禪室，常常在那裏靜心坐禪。石虎對單道開的供養特別優厚，朝中
的王公貴人也都爭相贈給他很多禮物，可是單道開對這些東西毫不吝惜，轉手
都施給了貧民。他醫術高超，常常深入大街小巷，醫好了許多民衆，人們將他
奉若神明。

當時的高僧佛圖澄評價單道開說：「他是個有道之士，能知國運之興衰，
倘若離開某地，某地必定有大亂。」後來到了石虎太寧元年（西元349年），單
道開帶領弟子離開鄴，南渡許昌，石虎的子侄們彼此相殺，鄴果然大亂。到了
晉穆帝升平三年（西元359年），單道開來到建業（註：建業即今天的南京），
不久又轉往南海，住在羅浮山。他獨自一人住在一間茅草屋裏，超然物外，活
了一百多歲才離開人間。圓寂前他吩咐弟子，要他們把他的屍體放在石穴裏
面。當時有個名叫康泓的人，聽說單道開昔日在山裏每每與神仙往來，便朝夕
仰慕。單道開在羅浮山圓寂之後，康泓還親眼見過他，並且還得到了他的傳
授，於是爲他做一首讚曰：

蕭哉若人，飄然絕塵；
外軌小乘，內暢空身。

玄象暉曜，高步是臻；

餐茹芝英，流浪岩津。

晉哀帝興寧元年（西元363年），南海太守袁宏和他的弟弟袁穎叔以及一個名叫支法防的僧人，一同去參訪羅浮山。他們走到單道開的石室，看見他的形骸以及香火瓦器還留存在那裏。袁宏說：「單道開的道業和行持都是超出常人，故此會像蟬蛻一樣脫去軀殼！」他也寫了一首讚說：

物雋招奇，德不孤立；

遼遼幽人，望岩凱入。

飄飄靈仙，茲焉遊集；

遺屍在休，千載一襲。

## 佛教的法器之木魚

　　有兩種：一、呈圓形魚鱗的小雕刻物，誦讀經文時叩用，許多佛教家庭都有。二、用大木頭雕成魚形、內空、掛於庫堂，吃飯及其他時擊之出聲，通知眾人。據說，魚晝夜不眠常醒，刻木魚形擊之，以取警惕作用，使行者晝夜忘眠，精進修行。

# 入定出神，變易生死

分別迷惑相，是名依他起；相中所有名，是則為妄計；諸緣法和合，分別於名相；此等皆不生，是則圓成實。

——《楞伽經》

晉朝有個名叫佛調的僧人，在常山寺往來數年，人們都不知他是何方人氏。他道法純樸，不以華美言辭為裝飾，常山的人都很恭敬他。當時有兩兄弟都信仰佛法，雖然住處離常山寺有百里之遙，卻依舊時常徒步來禮拜焚香。他們兄弟兩人都拜在佛調門下，虔誠向佛。

一日，嫂嫂突然患病，哥哥將她送到寺廟附近醫治，自己則晝夜在寺廟裏侍奉師父。

這天，佛調忽然到弟弟的家裏來，弟弟急忙向佛調說：「師父不期而至，弟子還沒有來得及迎接，盼師父恕罪！不知家嫂的病況如何？家兄平安否？」佛調說：「你嫂嫂的病沒

有什麼大礙，你哥哥也平安無事。」說完便飄然而去。弟弟終覺有些不放心，隨後也騎馬趕到。兄弟兩人相見之後，便談及到了師父佛調。弟弟說：「師父剛剛還到我家裏來過。」哥哥很驚訝地說：「師父今天沒有離開寺院半步，你怎會看見他呢？」於是兄弟兩人就爭辯起來，一同來到佛調面前詢問究竟，佛調只是笑而不答。

佛調常常獨自一人走入深山裏，一去多則一年，少則半載。每次出行所帶乾糧不過數升，但回來時，還時常有剩餘。有人曾經好奇地跟他入山，剛走出數十里路，忽然彤雲密佈，朔風驟起，紛紛揚揚下起雪來，佛調於是走向一個石穴打算避避風雪，那個石穴原本是老虎的洞穴，有一隻老虎橫臥在石窟的門口睡覺，佛調拍拍老虎的頭說：「暫且借你的屋子躲避一下風雪，你先委屈一下吧！」那隻老虎只有俯首貼耳下山去了。跟佛調同行入山的人看到這一幕，嚇得魂飛魄散，再也不敢跟他上山了。

佛調能夠預知自己的生死，他推測出自己死亡的日期後，就四處和人家告別，大家都希望他不要這麼快就死去，留命住世。佛調說：「天地長久尚且有桑海滄田之運數，何況一副臭皮囊！若能破除貪嗔癡，使我們的內心得到清淨，身體雖然腐朽了，精神卻是長存的！」勸他的人都為之惋惜流淚。佛調回到自己的房間後，閉上雙眼，端坐在床上，用衣服矇住自己的頭瞬間就坐化了。佛調死後數年，他的八個俗家弟子入山砍柴，發現佛調端坐在高岩之上，姿態儀表舒暢愉悅，衣服鮮豔奪目。弟子們大為驚喜，紛紛向他磕頭禮拜，其中一個禁不住吃驚地問道：「師父！你時常都在這裏嗎？」佛調說：「我時常

都在這裏，你們每個人都好嗎？」弟子們都把個人的近況告訴他，佛調問寺院中的舊屋重修了沒有？院中的老梅還常開嗎？眾人一一做答。師徒之間談了很久，八個弟子才灑淚作別。他們下山後把這件奇事告訴了同道，於是佛調沒有死的消息便傳遍了遠近。後來大家打開他的棺材來驗證，發現棺材裏根本沒有屍體，只有衣服和鞋子整整齊齊地放在那裏。人們都認為他是耆域、杯度那樣一流的人物。

## 佛教的法器之錫杖

　　僧人攜帶的道具，比丘乞食時，只能用此杖擊地出聲，請人出來，故又名聲杖。此杖原有三個目的。一、為驅逐野獸害蟲用。二、為年老人用。三、為保衛自己。此杖頭部用錫，中部用木，下部用牙或角製成。僧人持杖往外雲遊時叫做「飛錫」，住下某處叫做「留錫」或「掛錫」，外出布教時叫做「巡錫」。佛教舉行宗教儀式時，有時也用短錫杖，一面揮動此杖，一面口唱梵唄。在錫杖上以後又加添各種裝飾，變得更莊嚴了。

# 國都名士，山林玄僧

給園支遁隱，虛寂養閒和。春晚群木秀，關關黃鳥歌。林棲居士竹，池養右軍鵝。花月北窗下，清風期再過。

——孟浩然 《晚春題遠上人南亭》

　　支遁法師別號叫做道林，俗家姓關，是陳留縣人氏。他從小就有神童之稱，堪稱聰明絕頂。支遁法師初到京師時，深受太原的王濛看重，認為他參悟玄理的功力，不在王弼之下。當時被譽為「中興第一名士」的衛玠已經病逝，陳郡的殷融為此常常哀嘆惋惜，認為論精神氣韻，再也難尋衛玠那樣的人了，可是當他看到支遁法師時，便驚呼衛玠重生。可見支遁法師的聰明俊秀與衛玠不分上下，都是才華出眾的絕代人物。

　　支遁法師的家庭世代信奉佛法，他從小就深受佛法的薰陶。少年時，隱居於杭山，專門研究佛家經典，數年之後，他便成為了一個卓然獨拔、矯矯不群的佛門大德。他在二十五歲的時候，正式皈依了佛門。支遁法師善於講經說法，經論裏倘有疏漏和錯誤的文字語句他都能找出來並將其填充和改正。當時的大政治家謝安正隱居於東山，為王公貴人所推崇，人們都希望謝安能夠出來定國安邦，一句「太傅不出，如蒼生何」的名言，流傳千載。以謝安之賢明，一聽到支遁法師到來，就迫不及待地去跟他交往，對他十分推崇。支遁法師為

人灑脫，坐壇講經，往往只標舉大義，不計其餘，拘泥經文的人便譏諷他鄙陋無知，謝安卻極力稱讚：「林公說法，如同九方皋相馬，只看其駿逸與否，不計其毛色是黑是黃。」他認為支遁法師講經，特別發揮最上一乘的佛法，其他二、三乘的佛法，他絕不會談及的。

支遁法師與諸人談學問，往往妙語連珠，一語中的。

一次，褚季野與孫安國討論南北方人的學問，褚季野認為北方人的學問，深厚廣博；孫安國認為南方人的學問，精通簡要。兩個人為此爭論不休，最後請支遁法師裁決，法師說：「聖賢就不用說了。自中等人以下，北方人讀書，如站在顯豁處觀月，南方人的學問，如隔著窗子看太陽。」

他曾在白馬寺和劉系之等一班名流，討論莊子的《逍遙遊》，名士們鑽研體味，總不能超出向秀、郭象的水準，而支遁法師卻以佛理來解釋，便顯得卓然獨立，與眾不同了。劉系之說：「萬物各適其性，便是逍遙。」支遁法師反駁說：「此言並不恰當！夏桀、盜蹠都以殘害生命為本性，照你的說法，他們也算是逍遙了。」此言一出，在座的學者名流無不嘆服。晉哀帝興寧元年（西元363年）和簡文帝咸安元年（西元371年），支遁法師法師曾經兩次奉詔入宮講經，並與許詢居士合作，時人稱二人為「支許」。簡文帝對他們甚為敬重，朝夕與他們談論佛法。許詢歿後，支遁法師決定返回吳郡的立支山寺，打算住一段時期，以資靜修。恰好當時謝安也在吳興，他聽到這個消息，便馬上寄信說：「我天天都在思念法師，現在聽說您要回剡山，我更加殷切盼望。人生猶

如逆旅，所有風流快意之事都如過眼雲煙，只有您早日歸來，才能將我滿腔積悶驅散，真是一日不見，如隔三秋啊！我這裏有許多名山秀水，閒靜時可堪修養，望您屈尊一遊！」名師謝安將支遁法師視爲自己精神上寄託的對象，倘若支遁法師不足以令人敬愛，又怎會使他如此惓惓不捨呢？

當時王羲之剛巧在會稽，雖然他早已聞得支遁法師的大名，卻對此不以爲然，認爲這不過是一個窮和尚浪得虛名而已。後來支遁法師來到剡山，二人初次見面，王羲之劈頭就問：「《逍遙遊》可得聞乎？」支遁法師微微一笑，立刻寫出一篇數千字的文章，標出新的義理，詞藻華美，使得王羲之披襟解帶，讀了又讀，嘆爲千古奇文，於是請他住持靈嘉寺，朝夕親近。

支遁法師回到剡山後，便棲身林澤，遠離塵囂體悟生命。他曾養過兩隻

鶴，一直捨不得讓牠們飛走，便剪掉其羽毛，鶴拍拍翅膀，回頭看著缺損的翅羽，一副傷心的模樣。支遁法師看到後說：「你們原本是沖天之物，怎能做愉悅耳目的玩物呢？」等羽毛長成，便將其放掉了。他就這樣悠閒度日。

他有個同學叫法虔，精於妙理，出神入化，一日忽然死去。支遁法師聽到消息後，在林中低頭徘徊多日，嘆道：「鍾子期死後，俞伯牙便將琴摔掉，高山流水，知音難覓。法虔一去，再無知己，心中之情，鬱結不散，看來我也大限將至，時日不多了。」不久他就病倒了。病中他開始作《切悟章》，臨死乃成，剛放下筆便嚥了氣。這一天是太和元年（西元366年）四月四日。

許多年以後，高士戴逵途經他的墳墓時，不由得感嘆道：「善言尚未傳遠，墳間樹木卻已合抱粗。但願林公綿綿神理，歷久長存！」他剛說完，見樹間有一隻鳥展翅飛向高空。

## 佛教的法器之念珠

又名珠數、誦珠、咒珠。佛教徒為欲除去煩惱，安定心念，或稱頌西方阿彌陀佛，而用念珠誦念佛號。念珠以108顆為基本，另有54顆、27顆、14顆（均減半）、也有42顆、21顆的，以1080顆為最上品的。珠數的多少，據說都含有意義在內。108顆表示除去108個煩惱。1080表示金剛界的1080尊。54顆表示10信10住10行10回向10地，以及4善根因地的54位。42顆表示10住10行10回向10地等覺妙覺的42位。27顆表示18學人與9無學。14顆表示觀音的14無畏。21顆表示10地10波羅以及佛果的21位。念珠的材料有金製、銀製、赤銅製、水晶製、珊瑚製、玻璃製、木製等。

# 微言不墜，取信千載

　　菩薩修行大涅槃者，作是思惟：我若不能忍受如是身苦心苦，則不能令一切眾生度煩惱河，以是思惟，雖有如是身心苦惱，默然忍受。

——《涅槃經》

　　天竺的覺明大師，原名叫做佛陀耶舍，是罽賓國的婆羅門種，原本世代信奉外道，對佛教十分排斥。有一次，一個僧人到他家門外化緣，他的父親非但不給，反而叫僕人鞭撻他，忽然間他的父親手腳痙攣，行止不能自如，家裏人急忙請來巫師，巫師說：「你冒犯了聖賢，招致了鬼神的處罰。」他的父親立刻找到那個僧人，竭誠懺悔，數日之後，很快就好了。此時他才相信佛法的神明，因此讓佛陀耶舍跟隨那個僧人出家求道，就這樣佛門中又多了一位高僧。

　　一日，佛陀耶舍隨師遠行，在曠野中見一隻猛虎悠然走來。師父拉住他說：「徒兒快隨我走，到樹林裏避一避。」佛陀耶舍卻擺擺手說：「師父不要驚慌，老虎早就填飽了肚皮，不會傷害我們的。」果然，老虎經過他們身邊時，看都沒有看一眼就走了。二人前行數里，發現一片血污之中白骨散亂，師父暗自吃驚，從此對他另眼相待。

　　佛陀耶舍生得法相莊嚴，天資甚高，記憶力驚人，十五歲時，每日能背誦

兩三萬字。後來又跟他的母舅學習五明以及世間種種學術，無不通曉。可是他性情傲慢，周圍僧人都不願意和他接近，到了受戒的年齡，無人為他臨壇，只能做沙彌，直到二十七歲時才受具足大戒。他平日手不釋卷，努力求學，但他從來不驕傲，面對別人的誇獎，總是謙虛地說：「我還沒有珍惜時間哩！」

當時沙勒國王發心供養三千僧伽，設齋僧大會，佛陀耶舍也去接受供養，深得太子達摩弗多的推崇，待遇極為優隆。這時，鳩摩羅什也來到沙勒，拜在佛陀耶舍門下學習大小二乘的經典，兩人一見如故，關係非同一般。可是沒過多久，鳩摩羅什就想隨母親返回龜茲，佛陀耶舍勸他留下未果。旋即國王駕崩，太子即位，對他更加禮遇。前秦王符堅派大將呂光征伐龜茲時，龜茲王白純向沙勒求救。沙勒王親自率兵督戰，將國家大事全權

託付給佛陀耶舍處理。可是救兵還未到，龜茲就已戰敗。國王回來後向佛陀耶舍詳述了鳩摩羅什被呂光俘虜的經過。佛陀耶舍聽後頓足捶胸，撫案長嘆道：「我和鳩摩羅什雖然相識已久，但未能傾盡懷抱，此番遭強虜劫持，不知何時才能相見？」

轉眼韶光不覺又過了十幾個年頭，佛陀耶舍東行至龜茲傳揚佛法，規模盛大。當時鳩摩羅什正在姑臧，佛陀耶舍打算去尋找故人，剛一啟程，無數信徒就跪地挽留，只得又住了一年。

一年以後，佛陀耶舍不動聲息地漏夜出發，弟子們憂心忡忡地說：「步行出行，難免不被人發現，追上之後還得回來。」佛陀耶舍認為弟子們的意見沒有錯，立即取來一缽清水，灑了一些藥粉，對著清水唸咒，唸過咒後，把清水給弟子們洗腳，洗過腳後，馬上啟程。到了天亮，已經走了數百里路，他對弟子們說：「你們覺得怎麼樣？」弟子們答道：「只聽見兩耳呼呼生風，眼睛流淚不止。」佛陀耶舍點了點頭，又拿來一缽清水，依照原來的樣子向清水唸咒加持，弟子們用其洗過腳之後，便停止了流淚。他們略作休息，又繼續趕路，不久便到達姑臧。姑臧就在眼前，鳩摩羅什卻已入了長安。

當鳩摩羅什得知佛陀耶舍已到姑臧，就勸後秦王姚興派人去迎納，他對姚興說：「要弘揚佛法，所依經典一定要文義圓通，我對佛理的造詣還不是很深。佛陀耶舍擅長經義，他譯出來的經文微言大義，能取信千載。」姚興聽後，便派使臣帶著豐厚的禮物來到姑臧。佛陀耶舍對禮物概不接受，他笑著

說：「王命不得不從，理應迅速動身。聖上宅心仁厚，但若像對鳩摩羅什那樣待我，恕貧僧不敢從命。」當初姚興曾逼鳩摩羅什娶妻納妾，破了他的戒規。使者覆命，姚興讚他品行高潔，便又發信邀請。就這樣，分別多年的故人才得以重逢。兩人在長安共同翻譯了《十住經》、《四分律》以及《長阿含》等經典，文理簡要得當，極為完滿，僧眾無不嘆服。

佛陀耶舍嘴上長著紅鬍子，又善於講解《毗婆沙》，被人們尊稱為「赤髭毗婆沙」。後來他與鳩摩羅什的意見有些不合，就來到江南，入住廬山，與慧遠交遊，被稱為廬山十八賢之一。

## 廬山十八賢

又作蓮社十八賢。東晉太元十五年（西元390年），慧遠至江西廬山東林寺創白蓮社，與道俗一百二十三人共修念佛，後世稱其中十八人為廬山十八賢，即：慧遠、慧永、慧持、道生、曇順、慧睿、曇恒、道昺、曇詵、道敬、佛陀耶舍、佛馱跋陀羅、劉遺民、張野、周續之、張詮、宗炳、雷次宗。而此所謂「十八」之數，或係受到唐宋時代流行的「十八羅漢」之說所影響。又廬山曾建有十八賢祠堂，今已廢絕。

# 修德消災，新林神尼

一切世間欲，非一人不厭，所有有危害，云何自喪己？一切諸眾流，悉皆歸於海，不以為滿足，所受不厭爾。

──《佛說生經》

晉明帝（西元301年～西元325年）時，烏江寺有個叫竺道容的尼師，修苦行，有神通，持戒精嚴，能知過去、未來和福禍吉凶，人們都很敬重她，稱她為「聖孃」。她曾留下許多靈異事蹟，老百姓都認為她是菩薩化身而來的。

有一次，晉明帝派人將一束鮮花偷偷地放在道容尼師的席下，用來試探她的道行，沒想到那束鮮花非但沒有枯萎凋謝，反而開出了新的花朵，一時間滿室清香。當時的簡文帝信奉清水道，他的弟弟卻一向信奉佛教，屢次勸說簡文帝供養道容尼師，可是他就是不以為然。

簡文帝侍奉一位號稱「清水道師」的人，此人就是京城人所說的王濮陽。簡文帝在宮內還為他立了道觀。道容尼師曾多次加以開導和勸諫，簡文帝都沒有聽從她的話。嗣後，簡文帝每次走入道觀，總是看到神人幻化成僧徒的模樣，而且滿屋子都是。簡文帝疑心是道容尼師的神通變化，但又不能確定。

西元371年，簡文帝即位，當時有成千上萬隻烏鴉飛到宮廷裏面，在屋樑上做巢，世人都認爲烏鴉爲不祥之鳥，出現這種預兆一定會有災難降臨。

簡文帝急忙請來卜師曲安遠來占卜吉凶，曲安遠說：「在宮廷的西南方，有一位法術高強的女師父可以收伏這些烏鴉，化解災難。」簡文帝立刻想到道容尼師，於是派人前往宮城西南方的烏江寺去迎接她。

道容尼師到了京師，簡文帝把太極殿出現的怪事原原本本說了出來，並向她討教說：「烏鴉在宮殿裏做巢，請問高尼這是什麼預兆？用什麼辦法可以驅除牠們呢？」尼師說：「修德可以消災，齋戒可以轉業，請皇上建齋禮懺。您只要齋戒七天，謹守八關齋戒，此怪自會消除。」簡文帝聽從了她的話，齋戒沐浴，淨心凝神，未滿七天，成群的烏鴉爭相飛來，把鳥巢運走了。

　　簡文帝知道這些都是道容尼師的道德所感召，對她更為敬重，並在山林之中為她造了一座寺院，供養一切所需之物。寺廟落成之後，取名為「新林」，簡文帝也拜在了道容尼師的門下，從此捐棄道術，敬奉佛法。之後，顯揚崇尚佛道成了東晉的世風，這種世風的形成，正是仰仗於道容尼師的法力，那時朝野上下都尊她為聖人。

　　到了晉孝武帝太元年間（西元376年～西元396年），道容尼師忽然不知所蹤，她的弟子只好把她的衣缽埋葬在寺旁以留作紀念。

## 天臺宗

　　因創始人常住浙江天臺山而得名，也稱法華宗。天臺宗學統自稱是龍樹、慧文、慧思、智顗、灌頂、智威、慧威、玄朗、湛然九祖相承。該宗思想，出自龍樹，啟蒙於慧文。《法華玄義》、《法華文句》、《摩訶止觀》，世稱天臺三大部。該宗是中國佛教最早創立的一個宗派。它以《妙法蓮華經》為宗旨，《大智度論》做指南，《大般涅槃經》為扶疏，《大般若經》為觀法，天臺三大部，為根本，兼採南北各家義學和禪觀之說，成一家之言。元明以後，該宗學者往往兼倡淨土，形成「教在天臺，行歸淨土」之風。

# 佛光普照，澤被眾生

陸亙大夫問南泉禪師：「家有一片石，時坐，時臥，欲鐫做佛，可否？」
禪師答：「可。一片石即一座佛，一座佛又即一片石，無非是一片心。」

——佛家禪語

東晉穆帝永和五年（西元349年），廣州有個富商租了一艘船，裝載一批
旅客，準備由珠江駛往湖北的江陵。所有旅客都上了船，可是還有許多空餘的
座位，商人打算多招攬幾個旅客再起錨。這一天夜晚，大家都睡著了，隱約聽
見有人來搭船的聲音。天亮以後，眾人查問昨夜情形，發現並沒有什麼人來搭
船，但是船的載重量居然加重起來。大家不曉得是什麼緣故，都不免有些疑
心，那個商人也感覺有些奇怪，又聽說此地常常有怪異的事發生，只好吩咐梢
公們解纜開航。船行至半路，不幸遭遇了風浪，好幾艘船都葬身水底，只有商
人這艘船一帆風順，很快就到了目的地。船泊近江陵岸邊停留過夜，晚上好像
有人漏夜離船上岸。到了第二天清早查問情形，大家都說自己昨晚都在睡覺，
誰也沒有離開，可是船的載重量竟然憑空減輕了很多。

這一天江陵城裏發生了一件奇事，在城的北門外，不知從何處運來一尊佛
像，高有七尺五寸，連頭上的光圈以及腳下的寶座，一共有一丈一尺多高。大
司馬桓溫聽到這一件奇聞，急忙趕到此地，對著佛像叩頭禮拜。江陵附近的寺

廟紛紛派人迎請佛像，可是用盡人力，都無法挪走它。

　　話說三年前，江陵有個名叫滕畯的人，在長沙做太守，曾經把自己的住宅施捨出來，改建成寺廟，並取名為長沙寺。他又親自去請道安法師來長沙寺當主持。道安法師對弟子曇翼說：「荊楚地區的人很有善根，早就想要皈依佛教，你去成就他們吧！」於是，曇翼就奉命南下。曇翼到了荊州，主持修建了寺廟和僧房，工程歷時了一年多的時間才就緒。萬事俱備，只是缺少一尊莊嚴的佛像。曇翼心裏說：「阿育王在世時，造了許多佛像，凡是有緣的地方都會有佛像供奉，只要我們有誠心，一定會請到佛像。」從此他更加虔誠向佛。當聽到江陵城外發現佛像時，曇翼極其歡喜地說：「這一尊佛像，必定是我們長沙寺的！」於是曇翼就帶著幾個弟子到達北門外，對著佛像焚香禮拜，發願請求，最後只用三個人就把佛像扛回來了。長沙寺的僧眾和附近的居民無不雀躍歡喜，每天都有成千上萬的人來禮拜佛像。

　　晉孝武帝太元年間（西元376年～西元396年），殷仲堪做荊州刺史，有一天晚上他前往長沙寺，一名衛士對他說：「剛才有人在此經過，我問口令，他不回答；又問他姓名，也不回答，我怕是行刺大人的奸細，就一刀砍了過去，誰知『兵』的一聲，定睛一看，原來是一尊佛像。」殷仲堪天亮後去查看，果然看見佛像的胸膛有一道刀痕。

　　就在這時，西天竺罽賓國有個叫伽難陀禪師，從西蜀來到荊州，來到長沙寺後，便去禮拜佛像。伽難陀禪師一看見佛像，便咨嗟嘆息，曇翼問他說：

「禪師！不知何事如此悲傷？」禪師說：「這尊佛像原本是天竺國的，二十多年前，忽然不知所蹤，沒想到祂居然在這裏！」於是便向眾人訴說了以往的經過，曇翼發現佛像出現在城外的年月，果然與西天竺國失去佛像的時間完全相符，佛像光圈背後，還用梵文寫著「阿育王造」等字樣。

一日，曇翼患病，佛像所放的光十分暗淡，不再像以前那樣大放光明。曇翼對他的弟子說：「佛像現出的光明那麼短，分明是在暗示著我的病不會好了！」不及十天，曇翼便圓寂了。

這時沈悠之任荊州刺史，他起初不信佛法，大量裁減僧尼的數量，長沙寺本來有一千多個僧人，被逼還俗的有數百人之多。這使大家都驚慌起來，人人為之悲痛啼哭。長沙寺的佛像，一連五天都流汗不止。沈悠之聽到消息後，召請高僧玄暢法師查問情形。玄暢法師說：「凡有不祥的事情發生，聖人都會預先知道。如今佛像流汗，大概是由大檀越不信佛所致。」沈悠之惶恐地問：「法師何以見得？」玄暢法師說：「這些都是出自《無量壽經》。」沈悠之即時取經查看，經中果然有這些話，於是他再也不敢限制僧尼出家了。

南齊東昏侯永元二年（西元500年），建安王蕭偉指使人砸壞襄陽的佛像改鑄銅錢；東昏侯又打碎了瓦官寺的玉佛，用玉塊給潘妃做玉釵。這些輕慢佛法的罪過激起了鎮軍將軍蕭穎冑、荊州刺史蕭衍、南康王蕭寶融的強烈不滿。那尊長沙寺的佛像一日自行走出殿外，將要下臺階的時候，被兩個僧人發現了，佛像又自動返回殿裏。這件事與昔日釋迦佛上升天宮為他的母親說法，返回人間時，由優填王所造的佛像自動上前迎接，同樣神異。

三年之後，東昏侯失國，錦繡河山為梁武帝蕭衍所有。

梁武帝天監（西元502年～西元519年）末年，長沙寺的主持道嶽，偕同一個居士來塔邊清除雜草，他們剛打開佛塔的門，就看見佛像繞著佛龕不停地行走，道嶽急忙叩頭禮拜，並叮囑那個居士不要對外人說。一次，道嶽請大齋，四處的僧尼齊集長沙寺，沒想到佛像竟自動走來參加。

梁武帝蕭衍是一個虔誠的佛教徒，他屢次要迎請佛像，都沒有成功。到了中大通四年（西元533年）三月，梁武帝派遣白馬寺的僧人僧璡，以及官員何思、王書等人，帶來許多香花、供品，同時又發露他的至誠心，這一晚佛像放光，似乎答應了下來。可是到了次日清晨，在迎請佛像時依舊無法請動。梁武帝只好再次派人請求，佛像才答應。佛像被請走的那一天，許多僧尼道俗都來送行，一直送到江邊。三月二十三日，佛像到達南京，在離城還有十八里的路程，梁武帝親自擺駕出城迎接。佛像沿途放光，持續不斷，成千上萬的男女老幼，都爭相目睹神異莫測的佛像，當時的南京城萬人空巷，熱鬧非常，僧尼道

俗、軍民人等，無不鼓舞歡慶，嘆爲聞所未聞、見所未見的盛事。佛像首先被請入宮廷，接受皇帝和文武百官的頂禮膜拜，皇妃貴人及百官眷屬，個個齋戒沐浴，期望得到佛像的垂青。這樣的大場面可以說是隆重至極，前所未有。三天之後，梁武帝親自主持無遮大會，預備上好的齋飯，招待八方的僧尼四眾。這個大會一連舉辦了二十七天，然後將佛像恭送到同泰寺；這一晚，佛像又大放光明。

梁武帝在同泰寺大殿的東北角建造佛殿三間，用七寶製成的帳座，中間一間供奉佛像；又叫人鑄造金、銅菩薩像兩尊，侍在佛像的左右。在大殿周圍，開山鑿石、挖水築池；在殿前兩旁建造飛橋欄杆、亭臺樓閣；還專門建築一座重閣，三面玲瓏，極其工巧。工程完工後，梁武帝聖駕親自來到同泰寺，舉辦一個講經法會，當他到達供奉佛像的瑞像殿時，佛像即時放出光明，在佛光的照耀下，竹樹山水、亭臺樓閣，全都變成了黃金色。

梁簡文帝大寶二年（西元551年），長沙寺的僧人法敬把佛像從金陵同泰寺迎返江陵，送回長沙寺。一日，長沙寺遭遇火災，整個寺院都大火瀰漫，火光從四面合攏燒來，大家都去搶救佛像，原本需要一百人以上才能移動它，可是這一次只用六個人就把佛像運走了。

到了隋文帝開皇十五年（西元594年），黔州刺史田宗顯來長沙寺拜佛，佛像即時放光。於是田刺史立下心願建造正北大殿十三間，東西夾殿九間。當時工程所需木材，從山上砍下來之後便散放在江水上，倒流千里，不用人工管理，自

然而然地就會停泊在荊州岸邊。大殿之中，用沉香木做材料，殿裏面有十三副寶帳，四壁都以金銀珠寶鑲成，極爲莊嚴華貴。佛殿用檀香木裝成，殿內的寶帳花燈用眞金鑄造，宏敞華麗，天下無雙。隋煬帝大業十二年（西元616年），流寇朱粲四處去騷擾擄掠，駐紮在長沙寺。這些流寇攀到佛殿的屋頂，居高臨下把箭射入城內。守城的軍隊爲求解除威脅，夜間就把火箭射入佛殿，希望以此將佛殿燒平，使流寇失去依據之地，城裏的僧尼道俗無不擔心佛像會被燒毀。可是就在這一晚，佛像竟自動爬過城牆走入城內，一直來到寶光寺門前。

唐太宗貞觀六年（西元632年）六月間，荊州大旱，當地官員誠心祈禱，都督應國公武士（武則天之父）迎請佛像，打齋供眾，僧人們唱讚誦經，舉行七天的大法會，全城的老百姓都站在佛像前面，一心請求佛像慈悲。果然天空之中，漸漸烏雲密佈，一場大雨，水深數尺。人們爲感謝我佛慈悲，用黃金重新裝貼佛像，並以香花幡蓋佈置殿堂內外，極一時之莊嚴隆重。

### 三論宗

　　隋吉藏創立。因依龍樹的《中論》、《十二門論》和提婆的《百論》等三論立宗，故名。此宗的學統，在印度是：龍樹——提婆——羅剎羅——青目——須利耶蘇摩——鳩摩羅什。在中國則是：鳩摩羅什——僧肇、僧朗、僧詮——法朗——吉藏。此宗說一切眾生本來是佛，只因迷故，爲無明妄想所蒙蔽，虛妄分別無我謂有我，執外境爲實有，所以成爲眾生而流轉生死，若能徹悟諸法畢竟空寂，頓歇無明煩惱，除去顛倒妄想，而本有的法身佛性、萬德莊嚴自然顯現，名爲成佛。

# 人間應供，不入涅槃

　　蓮花因其功用之大而香飄四海，一生若能服務於大眾，那這一生一定是幸福的。把自己的安樂建立在別人的痛苦上，那是一種罪過。

——佛家禪語

　　晉哀帝興寧二年（西元364年），道安法師窮畢生精力注解完佛經後，在佛菩薩前誓願說：「如果我註解的經文還算合理的話，請佛菩薩顯示瑞相做個證明。」誓畢，當天晚上道安法師就夢見一個滿頭白髮、眉毛垂肩的老和尚來到他面前說：「你註解的佛家經典，都是合乎佛理的。」道安法師問：「您是哪位菩薩呢？」老和尚說：「我不過是一個不入涅槃的和尚，棲身在西域，只是你肯為我準備些食品，我就會來幫你。」道安法師聽後喜形於色，急忙問到：「大師，您還沒有吃飯吧？我立刻叫人送飯給您。」道安法師連著叫了幾聲：「廚司！廚司！」卻把自己給叫醒了。夢中的長眉和尚，就是賓頭盧尊者。

　　賓頭盧尊者是釋迦如來的一位大弟子，已經成就阿羅漢道。佛祖在世時，有個樹提伽長者把三個栴檀缽放在一個絲織的袋子裏，連袋帶缽，一起掛在離地有好幾丈高、用象牙雕刻的欂柱上。樹提伽長者向眾人宣佈：「如果有人不用梯子就能把它取下來的話，我就會把檀香缽送給他。」賓頭盧尊者對目連說：「你的神通第一，為什麼不把它取下來呢？」目連說：「我怕佛陀會怪罪

下來，所以就放棄了。」賓頭盧尊者見目連不肯施法，就決定親自出馬，他即時回到房裏，入了禪定，在座上招了招手就把缽拿下來。佛陀知道這件事情後很生氣，他對賓頭盧尊者說：「身爲比丘，就不該爲一個外道的缽盂，在沒有受戒的群衆面前輕易表演神通。從今以後，我不允許你住在閻浮提了，以免別人說我們妖言惑衆，你自己好自爲之吧！」賓頭盧尊者離開閻浮提後，來到西瞿耶尼洲，在那裏教化衆生，宣揚佛法。自從他離開後，閻浮提的人都很想念他，大家在佛陀面前討了個人情，賓頭盧尊者才得以召回。可是佛陀卻不准他入涅盤，要他永遠留在世間，住在摩梨山上，爲衆生造福。賓頭盧尊者發願說：「我會遵從佛陀的訓示，爲衆生造福；但是有人請我吃飯，我必定去應供。」人們都說他是世間的一位福田僧。凡是有人要請賓頭盧尊者，就要在寂靜處燒香禮拜，面向摩梨山誠心說出自己的姓名，稟白道：「弟子請求大德賓頭盧頗羅惰尊者，昔日曾受佛陀的吩咐，爲末世衆生，廣做福田，敬請尊者接受我的請求，到我這裏接受供養。」稟白過後，賓頭盧尊者一定會到來。如果想請他

來居住，就要事先建造好一間房子，向摩梨山的方向禱告說：「弟子將房舍已經建好，床鋪也陳設整齊了，敬請賓頭盧頗羅墮尊者，到我這裏來住上一宿。」如果請賓頭盧尊者沐浴，就要在天還沒有亮之前，將浴室收拾乾淨，準備好香湯、灰水、澡豆、楊枝，用香油調和好。然後打開室門，禱告說：「弟子頓首，請賓頭盧尊者進來洗澡。」

凡是要請賓頭盧尊者吃飯、洗澡、住宿的人，同時也要多請僧人誠心禱告，願自己得到解脫，輪迴生死。請賓頭盧尊者的時候，不得懷疑、不得胡思亂想，信仰要堅定、內心要清淨，這樣才能請得到他，才會種下很大的福德因緣。

唐朝有個天竺人，聽說賓頭盧大阿羅漢得到佛陀的吩咐，為末世眾生做福田，於是就準備了上好的齋飯，祈禱賓頭盧尊者光臨。他在家裏的椅墊下放了許多鮮花，打算來驗證一下賓頭盧尊者的神通。可是等到所有僧人離開後，他發現椅墊下的鮮花全部都萎謝，賓頭盧尊者根本沒有到來。天竺人心裏十分難過，但又不曉得錯在哪裡。他請教完會講經的大和尚後，又舉行了第二次齋僧大會，他照樣在椅墊下鋪了鮮花，吃過飯後，發現鮮花依舊萎謝。接著，天竺人又舉行了第三次齋僧大會，他寧願傾家蕩產，也要達到目的，怎曉得所敷設的鮮花，還是和以前一樣。天竺人請來一百多位大法師詢問究竟，並向他們懺悔。這時一個上座老和尚說：「你三次請我，我都來了，只是你的家奴在大門中間擋住了我。他看見我年老體衰，衣服既髒又爛，認為我是一個被寺門趕走的僧人，就拒絕我進門。我看到你誠心請我，就強行進入，可是你的家奴卻用

杖打我的頭，打破了我頭上的右角瘡。第二次我又來，勉強走進角門，你的家奴又將我打了出來。第三次來的時候，被你的家奴打中了我的左角瘡，既然你們不讓我進來，我也就無福消受了。」說完之後忽然不見，原來他就是賓頭盧尊者。從此以後，凡是有人齋僧作福，都不敢讓人擋在門口。若是請到他降臨，所坐過的椅子下面的鮮花，很久都不會萎謝。

賓頭盧尊者至今還在印度，已經活了好幾千年。

## 法相宗

因剖析一切事物（法）的相對真實（相）和絕對真實（性）而得名。又因強調不許有心外獨立之境，亦稱唯識宗。由於創始者玄奘及其弟子窺基常住大慈恩寺，故又稱慈恩宗。此宗主要奉古印度大乘佛學瑜伽一系學說，其所依經典，即以《瑜伽師地論》為本，以《百法明門論》、《五蘊論》、《顯揚聖教論》、《攝大乘論》、《雜集論》、《辨中邊論》、《唯識二十論》、《唯識三十頌》、《大乘莊嚴經論》、《分別瑜伽論》等十論為支的所謂「一本十支」為主要典籍。《成唯識論》為其代表作。該宗又用唯識所現來解釋世界，認為世界現象都由人的第八識即「阿賴耶識」所變現，而前七種識再據以變現外境影像，緣慮執取，以為實在。

# 清淨道場，舍利含光

悉能忍受一切諸惡，於諸眾生其心平等，無有動搖，譬如大地能持一切，
是則能淨忍波羅蜜。

—— 《華嚴經》

晉朝時，并州西河離石縣有個叫劉薩河的人，從小就練習武藝，長大後熟
識軍旅之事，作戰異常勇敢，殺人無數。

他平日喜歡喝酒、打獵，根本不相信佛家的因果報應。他在三十一歲那年
突然患急症死去，當時胸口還有一絲暖氣，家人沒有把他埋葬。七日後劉薩河
忽然復活，他對家人說，自己遊過地獄、受過苦報、還看見過觀音大士，大士
對他說：「你返回陽間應該皈依佛門，現在洛陽、建業、成都等地，都有阿育
王建造的佛塔，在建業還有兩個石像，它們是阿育王役使鬼神雕刻的，與真相
甚為相似，你若恭敬禮拜，可以不墮地獄。」劉薩河在地獄的時候，得到兩個
和尚的點化，恢復宿命智後，記起那兩個和尚曾在維衛佛的時代做過他的師
父。

劉薩河復活後立刻遁入空門，法名慧達。自入佛門，他日夜精勤修福修
慧，不敢稍有懈怠，以禮佛拜懺為修持的主要功課。當時簡文帝在長干寺修築

了一座三層寶塔，塔成之後每晚都會放出七彩的光芒。慧達法師聞訊後就來到了京師，每天夜裏他都走上城頭，極目四望，面對熠熠放光的寶塔虔誠禮拜。他發現這些七彩的光是從寶塔下放射出來，於是他就叫人在寶塔下面挖出一丈多深的坑，在坑裏發現三塊石碑，中央的那一塊，蓋著一只鐵函，函裏又有銀函，銀函裏又有金函，在金函裏藏著三顆舍利、一片指甲以及一束數尺長的頭髮。這是周敬王時代，西天竺的阿育王發心修建八萬四千個寶塔中的一個。慧達法師得到這些寶物之後，就在舊塔的西邊重新建造了一個新塔，用來安置這些寶物。

在劉薩河還沒有出家以前，丹陽有個叫高悝縣官，在張侯橋的浦裏挖出一尊金色佛像，製作得非常精巧，只是沒有蓮花座。根據西天竺的梵文所記載，這尊金佛是阿育王第四女造的。當時高悝想把佛像運入市區供養，可是到了長干巷口，拉佛像的牛卻怎麼也不肯往前走了，馭手也沒有辦法，只好任由那頭牛自由行走，不料那頭牛竟一路來到長干寺，高悝索性就將佛像放在長干寺供奉。

大約過了一年，有個叫張系世的漁夫，在海邊撿到一個銅製的蓮花座，官府將蓮花座送往長干寺安放在金佛像的腳下，不大不小，連接得嚴絲合縫。沒過多久，從西域來了五個僧人，他們直接找到丹陽縣對高悝說：「昔日我們從天竺國得到阿育王所造之佛像，想帶到鄴都，可是當時戰亂不休，只好把祂藏在河邊，後來天下太平，再去找尋，那尊佛像卻不見蹤影。最近我們做了一個奇夢，夢見佛像已經流到江東，為縣官高大人所得，故此我們遠涉山川，欲來

瞻禮。」高悝將他們帶到長干寺，僧人們目睹金像，欷吁涕泣不已。就在這時，那尊金佛像忽然大放光芒。僧人對高悝說：「原本有個圓光，放在很遠的地方，看來不久以後也會前來聚合。」東晉咸安元年（西元371年），交州合浦縣有個叫董宗之的採珠人，從海底撈得一個圓光，它與金像配合，大小尺寸完全一樣。先後歷經四十餘年，金像、蓮座以及圓光，才得以聚合。

慧達法師聽到這件事情後，深知金佛像與自己挖出來的舍利、指甲和頭髮有種種靈異的關係，從此加倍努力尋找石像。

那兩尊石像在西晉建興元年（西元313年），隨水一路飄流到吳淞江口，漁夫們以為是海神顯靈，決定召請火宅道士和巫祝等人去迎接，當時白浪滔天，那些火宅道士和巫祝都被嚇散了。一個信奉黃老的道人，認為這是天師下凡，就帶領道士們去迎接，可是風浪絲毫沒有減小，最後只得放棄。有個叫朱應的居士，聽到這個消息後嘆息道：「將非大覺之垂應乎！」他認為這是佛陀的示現。於是沐浴齋戒，率領僧眾和百姓一起趕到吳淞江口去虔誠禮拜，讚頌佛陀的功德。一行人剛來到海邊，頓時風平浪靜、豔陽高照，只見遠處有兩個人從水面凌波而來，到達岸邊。

眾人定睛一看，原來是兩尊石佛像。在石像的背後刻有字跡，它們一個叫維衛，一個叫迦葉。這些善男信女立即將它們迎送到通玄寺。當時吳地的人都嘆為靈異，由此信佛的人不可勝數。慧達法師得知後立刻來到通玄寺，在此卓錫三年之久，不分晝夜虔誠禮拜佛像，之後又前往會稽禮拜佛塔。會稽的佛塔

也是阿育王所建造，由於歲久年深，塔下荒蕪不堪，慧達法師矢志修建佛龕和階砌，他四處化緣，經年之後終於將佛塔修好。佛塔修成後，鳥雀再也不敢棲集其間，凡是在佛塔附近捕魚的人都無法捕不到魚，一時間，道俗人等傳為奇談，從此信佛的人更為增多。

北魏太武帝大延元年（西元435年），慧達法師來到金陵，打開阿育王舍利塔之後，又西往涼州。他來到番和郡界的東北，朝著禦谷山遠遠禮拜，然後入山。他對人說：「此處山崖必將有佛像出現，如果佛像圓滿無缺，天下一定會太平；倘若佛像殘缺不全，則天下必會大亂，生靈塗炭。」

到了正光元年（西元520年），有一晚，忽然霹靂大作，大雨傾盆而下，禦谷山的高岩上突然出現一尊石像，石像身高一丈八尺，身形相貌十分莊嚴，只

是缺少佛頭。當地的人找來石匠鑿成一個佛頭安了上去，很快就跌落下來，不久北魏王朝就四分五裂了。到了北周武成元年（西元559年），涼州城東的七里澗處，石崖裏忽然射出毫光，人們鑿開一看，原來是一個佛頭，當地的人把佛頭送到石像那裏，連接的絲毫不差。四十年後，佛頭和石像又分了家，相距有兩百多里遠，人們將佛頭送回原處，到了晚上佛像時時放光，天空中不時傳來梵音和鐘聲。可是沒

過多久，佛頭又自動跌落下來，接著就有了北周武帝宇文邕毀佛滅僧的行為。

在晉孝武帝太元二十年（西元395年），慧達法師還在京師，後來又前往許昌，以後便不知所終了。人們在慈州郭下的文成郡，為他修建了一座廟宇，把他當成活佛來供奉。人們都說慧達法師白天在高塔上為當地的人宣揚佛法，到了夜晚鑽進蠶繭裏睡覺。

當地的人認為他是觀音大士下凡來渡化眾生的，黃河一帶如慈、隰、嵐、石、丹、延、綏、銀等八州的人，都喜歡誦念他寫的經文。據說慧達法師在家鄉提倡佛教之後，又東往丹陽禮拜佛塔，然後又到涼州、番和、禦谷，轉入肅州酒泉郭西沙磧，才離開世間。圓寂之後，骨節越縮越小，竟像葵花子一樣；骨節的四處都有洞孔，可以用繩子貫串起來，凡是有災障的人都可以去沙磧上尋找。如果在那裏找不到骨節，還可以到觀音像左邊找，在觀音像旁找到的骨節，常常會返回觀音像的手上。慧達法師真是一位不可思議的活佛啊！

## 舍利

梵語中意為「屍骨」，指死者火化後的殘餘骨燼。通常指佛祖釋迦牟尼火化後留下的固體物，如佛髮、佛牙、佛指舍利等。佛教經典中把舍利分為兩類：一為法身舍利，即佛祖所說的佛教經典。二為生身舍利，即佛祖火化後留下的固體物。後者又可分三類，一是骨舍利，白色；二是肉舍利，紅色；三是髮舍利，黑色，均圓明皎潔，堅固不碎，迥非世界珠寶可比。菩薩、羅漢也有舍利，佛教認為，只有虔誠奉佛，悟道得法的人才會自然結晶舍利，非常人可得。

# 心地光明，鬼神呵護

我作佛時，所有眾生，生我國者，自知無量劫時宿命。所作善惡，皆能洞視，徹聽，知十方去來現在之事。不得是願，不取正覺。

——《阿彌陀經》

竺法曠，下邳人氏，後來遷居到吳興，在很小的時候就失去雙親，孤苦伶仃，嚐盡了人間的辛酸滋味。他對後母十分孝順，鄉里的人都交相讚譽他的美德。只是家道貧寒，素無積蓄，長年自耕自食，賺來的一點點錢財都拿來做為每日三餐孝養後母。後母亡後，法曠處理好喪事，頓感前途茫茫，不知何去何從。在曇印法師的點化下，法曠毅然削髮皈依。曇印法師是禪林裏的一位高僧大德，法曠自從隨他出家以後，心悅誠服，畢恭畢敬。不久，他又受了千佛大戒，成為一個正戒的僧伽，言行操守漸漸地變得卓爾不群，遠近的人無不敬仰。

一次師父曇印病倒在床，病情十分嚴重，法曠七日七夜不眠不休，日夕跪在佛前祈禱禮懺，懇求佛力加被，保佑師父早日消除病魔的纏擾。他的誠心最終感動了佛陀，到了第七日清晨，忽然有五色毫光照耀曇印法師的寢室，曇印法師感到前所未有的神清氣爽，痼疾不治而癒。

後來法曠辭別師父，去遠方交遊參學，尋求大小二乘的聖言量，反覆研究，希望於心地上有所印證。他住在青山石室，宣講《妙法蓮華經》，闡揚會三歸一的宗旨，空暇的時間誦念《無量壽佛經》，種下西方淨土因緣。有聽眾時就講經說法，沒有聽眾時便誦經念佛。

太傅謝安此時正擔任吳興太守，素仰他碩德博學，特地前來參訪。雖然山中的路徑崎嶇難行，車輛無法通行，謝安也願意徒步攀登前來拜謁。簡文帝也派遣堂邑太守曲安，捧著詔書前往探問起居，並向法曠請教：「天空之中發現了妖星，用什麼方法才能消除災禍？」法曠回書說：「昔日宋景修福，妖星隱蔽；今陛下即位，刑政適宜，天下的任重，萬機的可繁，不免失之毫釐，差之千里，唯當勤修聖德以補天心，貧僧必當竭誠報答，正恐有心無力耳。」於是召集弟子，潔齋懺悔，那顆妖星隨之就消失於無形了。

到了興寧年間（西元363年～西元365年），東土各地發生大瘟疫，法曠法師發揚大乘菩薩精神，親自前往各處災區，晝夜不停地為災民祈求大悲咒水，飲過咒水的人無不痊癒。在法曠法師行、住、坐、臥的地方都有善神守護，正所謂：「心地光明，鬼神呵護。」誠非虛言啊！

## 《妙法蓮華經》

此經被稱為「成佛的妙法」，經中有原文稱此經為「經中第一」，可見其重要性。此經比較長，有28品，但比較容易讀。需要注意的是：此經中佛理至深，讀此經前讀者一定要對佛陀有絕對的信心，否則讀了又不信，乃至謗經，反而可能遭大惡報，不如不讀。佛講此經之前，就有5000弟子及居士自己主動離開，因為他們善根福德因緣不夠，業障所阻，得少為足，不願意聽。

# 佛國遺民，道化人生

絕學無為閑道人，不除妄想不求真。無明實性即佛性，幻化空身即法身。

──永嘉禪師

　　東晉有位大名鼎鼎的儒家學者叫劉程之，他是漢朝楚元王的後裔，出身於官宦世家。到了他父親這一代，家道中落。劉程之從小就沒有了父親，但他天性純良，事母至孝，鄉鄰都稱他為劉孝子。

　　劉程之天才文藻，卓爾不群，家境雖然貧寒，卻不肯委身於權貴。他在飢寒交迫的環境裏，仍能淡泊自甘、處之泰然，司徒王謐、丞相桓玄、侍中謝琨、都督謝安，以及太尉劉裕等人，都很欽佩他，極力推舉他出來做官。劉程之推辭說：「諸公平日所舉薦的人才，都是人中豪傑。在下行不足以飾身，才不足以蔽俗，勉強身居高位，不但有尸位素餐之嫌，還有竊取朝廷俸祿之恥；弄不好還要連累到各位，譏笑你們沒有知人之明。」說完，便去拜訪慧遠法師。慧遠法師問道：「人們都喜歡做官，既有地位又能食朝廷俸祿，閣下為何不肯去做呢？」劉程之回答說：「時局紛擾，君臣猜忌，朝廷沒有磐石的堅固，有情眾生卻有累卵的危險，我又何必去作官呢?」慧遠法師聽後，對他極為尊重。

太尉劉裕認為劉程之的志向甚堅，沒辦法可以勉強他，於是就跟謝安等一班王公貴人商議，給他賜名為劉遺民，以表彰他的崇高偉大。所謂「遺民」，是說蒼天留下一個非常偉大的子民，雖天子王侯而不能委屈的意思。從此以後，人人都叫他做劉遺民，反而忘記了他的本名。

劉遺民曾為慧遠法師寫過一篇結集白蓮社的大文章，並且刻石以留後世。罽賓國的佛陀耶舍、羅衛國的佛陀跋陀羅，居士張野、張詮、宗炳，以及鳩摩羅什的幾個大弟子，都來參加白蓮社的念佛法會。在慧遠法師的感化下，劉遺民日日看經念佛。

後來，劉程之在西林山澗北邊為自己建立一座禪修的房舍，專心研究佛法深奧的義理，同時嚴格地持守戒律，並作念佛三昧詩。他一心向佛，把榮辱得失的念頭拋得一乾二淨，在靜修的過程中得到了許多感應。劉程之在裏面居住半年之後，在一次禪定中見到阿彌陀佛放光照耀大地，佛光所及皆呈黃金色。又經過

十五年，他正在虔心念佛時，阿彌陀佛從天而降，以白毫相光照觸其身，並垂手表示安慰和接引。劉程之愧幸悲泣，向佛禱告道：「佛啊！請把祢的金手，

摩娑我的頭頂；把祢的法衣，覆在我的身上吧！」說完不久阿彌陀佛就為他摩頂，並且拿袈裟披在他身上。

此事過後不久，劉遺民在一次睡夢中發現自己置身於七寶蓮池旁，池中的蓮花青白相間，池水清澈猶如玻璃，這時走來一個頭頂散發圓光、胸前繡著「卍」字的人，指著池水說：「這是八功德水，你可以飲一些。」劉遺民喝了一口，發現池水甘之如飴。醒來之後，尚有異香從毛孔中噴發出來。接著他就對慧遠法師說：「我往生淨土的因緣已經到了！」

此時廬山所有的高僧和名士都聚集到這裏，劉遺民向如來聖像焚香禮拜並祈禱說：「我從釋迦如來的遺教中，知道了阿彌陀佛。我的第一炷香，先當供養釋迦如來；第二炷香，供養極樂世界的阿彌陀佛；第三炷香，供養《妙法蓮華經》，我之所以能夠得生淨土，就是由於此經的功德。並且願與一切的有情，能夠同生西方淨土。」發願之後，三叩牙齒，長跪合掌，向西方極樂世界去了。當時為東晉安帝義熙六年（西元410年），時年五十九歲。

## 八功德水

指具有八種殊勝功德之水。又做八支德水、八味水、八定水。佛之淨土有八功德池，八功德水充滿其中。所謂八種殊勝，即：澄淨、清冷、甘美、輕軟、潤澤、安和、除飢渴、長養諸根。同時，包圍須彌山之七內海，亦有八功德水充滿其中，具有「一甘，二冷，三軟，四輕，五清淨，六不臭，七不損喉，八不傷腹」的特點。

# 念佛生西，上品上生

當生大歡喜，切勿懷憂惱，萬緣俱放下，但一心念佛。往生極樂國，上品蓮華生，見佛悟無生，還來度一切。

——蓮池大師

釋慧恭俗家姓龔，豫章豐城縣人氏，聰穎早慧，好學不倦，對念佛法門非常誠篤。在晉安帝義熙十一年（西元415年），他於病中矢志求生極樂淨土，日夕專誠唸佛。

一天，他看見阿彌陀佛拿著紫金蓮花座來迎接他，自己端坐在蓮花臺上，蓮花臺散發出七彩光明，照亮整個屋子；諸佛菩薩在蓮花光中告訴他說：「你受生的品位是上品上生。」此時的慧恭身心自在並無痛苦，含笑生西而去。除此之外，曇順、僧睿、道昞、曇詵、道敬、慧通等高僧，他們也是專心念佛，在圓寂之前，有的床前現出金色蓮花，有的看見五色香煙從屋外冉冉吹來，有的異香滿室，有的高聲念佛跏趺坐化，有的光明普照，有的看見阿彌陀佛放光接引，還有的看見無量無數的佛菩薩在虛空中迎接他，室內的香氣數日不散。

宋魏世子，即是在瓦官寺鑄造一尊丈六高銅佛像的宋世子，父子三人都發願生西，專心念佛，只有他的妻子不信仰佛教。他的女兒在十四歲時患病死

去，七日後竟然神奇復活，她醒來後對母親說：「媽媽，我去了西方極樂世界，在七寶蓮花池上看見爸爸、哥哥和我都有了蓮花臺，將來必定會往生極樂，只有媽媽沒有，所以我暫且回來，請媽媽快快念佛。」母親聽後大為感動，從此發心念佛，後來也得生在極樂世界。

慧永法師，俗家姓潘，河內人氏，是道安法師的弟子、慧遠法師的師弟，他與慧遠法師一同住在廬山，慧遠法師住的是東林寺，他住的是西林寺，兩人在廬山住了三十年都沒有出山。慧永法師習靜坐、修禪觀，在山頂上建有一個小禪室，禪室旁邊有一隻老虎，像家犬一樣馴服。晉安帝義熙十年（西元414年）的一天，慧永法師稍示微疾，攝心瞑目向西念佛而臥，在日落前，他突然

起來要找鞋子穿，弟子問他是否要出門，他說：「我看見佛來，因此要起來迎接祂。」說完之後，生西而去。寺裏的僧眾和士大夫們都聞到了天香，七日不散。

慧遠法師提倡淨土，專心觀想，也曾三次看見西方境界。在般若臺的東龕，從禪定中看見阿彌

陀佛的法身遍滿虛空，圓光之中有許多化佛，又看見觀世音菩薩和大勢至菩薩侍立佛旁，有八功德水光明照耀，分做十四支，不斷發出法音。阿彌陀佛對慧遠法師說：「我以本願力來安慰你，你於七日後，當生在我國。」慧遠法師看見佛陀耶舍、慧持、曇順等人，都跟隨在阿彌陀佛的身旁，他們說：「慧遠法師，你的志願在我們之先，為什麼來得這樣遲慢呢？」果然於七日後，慧遠法師便生西去了。

同時代的還有一個僧濟法師，曾經入廬山問道於慧遠法師，在東林寺停留了一段時間，因病臥床不起，慧遠法師贈給他一支蠟燭，教他虔心念佛，僧濟法師手執蠟燭，心無雜念，到了五更時分，他將手中的蠟燭交給弟子元弼，暫時躺臥休息了一會兒。睡夢裏他看見自己持燭浮上虛空，蒙佛接引，在佛的掌上，遍往十方世界。第二晚上，僧濟法師又看見虛空之中有無數化佛和化菩薩前來接引，於是向西而歿。僧濟法師圓寂時，正值酷暑時節，但他的肉身卻歷時三個月而不朽。

## 西方極樂世界的品位

往生分為上品往生，中品往生和下品往生，每一品又分為上、中、下三品，所以一共就是上上品、上中品、上下品、中上品、中中品、中下品、下上品、下中品和下下品這九品了。這些詳細的分法都是佛陀在《觀無量壽經》上金口所說，是根據不同眾生不同的發心和修行自然而然獲得的結果。

# 塵尾書鎮，參破輪迴

輪轉生死中，無須臾少息，猶復熙熙如登春台？曾不知佛與菩薩，為之痛心而慘目也！

——清·彭際清居士

東晉時，崑崙山上有個釋曇諦，俗家姓康，原是康居人氏，在漢靈帝時，舉家遷到中國。曇諦的母親黃氏，在一天午睡時夢見有個僧人叫她「母親」，並在她身邊放下一件塵尾和一件鐵書鎮。黃氏一覺醒來，發現這兩件東西都放在身邊，從此她就懷了孕，後來生下一個男孩，就是曇諦。

曇諦五歲時，母親把那兩件東西拿給他看，他說：「這是秦王給我的。」秦王，指的就是姚萇。母親說：「既然是秦王給你的，你當初把它們放到哪裡了呢？」曇諦說：「我不記得了！」曇諦在十歲時便出了家，他研讀佛經不需要老師特別的指點，悟性好像是天生的一樣。後來曇諦跟隨父親來到樊鄧（註：古地區名，為春秋樊國、鄧國的遺址。在今湖北省襄樊市及河南省鄧縣一帶，自古為兵家必爭之地。），偶遇關中的僧。僧在後秦時，曾經做過姚興的國僧，中國的僧官都以僧為首。當曇諦初次遇到僧的時候，他還沒有被封為國僧，不過他已經有些名望了。曇諦一看見僧，馬上叫道：「阿上！阿上！」僧瞪著雙眼一看，原來是個小孩子在大呼小叫，於是生氣地說：「哼！你這個

小娃娃，也敢叫老衲的名字嗎？」曇諦說：「我認得你，你原本是我的小沙彌，摘菜時曾經被野豬咬過。如今一看到你，不覺失聲叫了你的名字。」僧曾經做過弘覺法師的弟子，當初為僧眾摘菜時的確被野豬咬過，只是他把這件事忘記了。曇諦的父親將這一件事的因緣告訴了僧，同時也把他如何投胎、夫人如何做夢的情形，一五一十向僧說個明白。講完之後，又把鐵書鎮和塵尾交給僧看，僧方才醒悟，涕泗交流地說：「原來您真是弘覺法師啊！法師曾為姚萇開講過《法華經》，貧僧那時做都講，姚萇確實用這兩件東西供養他，如今物是人非，真是叫人感慨萬千啊！」僧掐指一算，當初弘覺法師坐化之時，正是曇諦母親入夢之日，又憶起法師往昔的種種好處以及自己摘菜被野豬咬到的情形，不覺十分悲痛，正如《蘭亭序》所言：「每攬昔人興感之由，若合一契，未嘗不臨文嗟悼，不能喻之於懷！」

曇諦從小就很聰明，閱讀經書過目不忘，這分明是前生帶來的。到了晚年，他來到吳中虎丘寺，講解《法華經》、《大品經》、《維摩經》以及《禮》、《易》、《春秋》等儒家經典。曇諦善作文章，有六卷書留傳後世。他天性喜歡林泉山水，在崑崙山上居澗飲水，如是二十多年。劉宋元嘉（西元424年～西元453年）末年，圓寂於山中草廬，享年六十多歲。

## 六道輪迴

佛陀概括世間一切有情，歸為六大種類：天、人、阿修羅、畜生、餓鬼、地獄，這即是「六道」。當眾生死後視乎所做的業的善惡傾向而投胎到六個不同的境地，善的入三善道（前三者），惡的入後三惡道（後三者），不斷重複流轉，非經修行證悟則無有出期。

# 犬齧羅漢，蒼鷹還願

菩薩若能隨順眾生，則為隨順供養諸佛。若於眾生尊重承事，則為尊重承事如來，若令眾生生歡喜者，則令一切如來歡喜。

──《華嚴經普賢行願品》

法顯去西域求經的時候，曾在一間寺廟掛單，寺裏的僧眾都很歡迎他。一天，法顯感到身體有些不適，臥倒在床，寺裏的住持僧親自過來照顧他，並打發一個小沙彌去東土為他尋覓齋食。小沙彌出去沒有多久，便化齋回來，只是腳上有些血痕。法顯問他因何受傷，小沙彌說：「我往彭城吳蒼鷹的家裏求乞，不小心被他家的狗咬了一口，故此流血。」法顯聽後大吃一驚，天竺到彭城有好幾萬里路程，小沙彌竟能轉瞬之間走個來回，可見這座寺廟裏的人絕非常人。

法顯求得經文由水路返回中國後，專程前去拜訪吳蒼鷹，想查明有沒有天竺的僧侶到過他家化緣。吳蒼鷹說：「確有其事，幾年前有個小沙彌到我家來化齋，我供養他一缽齋飯，沒想到臨出門時，被家中的狗咬了一口。」說完，立刻帶著法顯前去查看門上的血跡，數年來血跡還沒有完全消散，法顯說：「這是羅漢聖者的血，他為我覓食來此，不幸遭此劫數。」吳蒼鷹聽後，既慚愧又驚恐，他把自己的住宅施捨出來，改建成佛寺，用來贖罪。

寺廟落成後，只是沒有佛像，於是吳蒼鷹前往揚州請求佛像，船駛到江中，船身忽然傾斜，原來有兩支長骨，隨著波浪湧入船裏。吳蒼鷹把這件奇事上奏給朝廷，知者說這是龍的牙齒。吳蒼鷹到達揚州之後，卻沒有求到佛像。一日，他坐在樹下正為求不到佛像發愁，面前忽然出現一個手捧佛像的梵僧，梵僧對他說：「施主可否認識吳蒼鷹，貧僧特來送佛像與他。」吳蒼鷹急忙頂禮說：「弟子就是吳蒼鷹！特為佛像到此。」梵僧看了他一眼，

點點頭說：「我把這佛像交給你，你好好地請去供養吧！」他奉了佛像將要回去，忽然詔令下來，要模造此像1000尊，可是像成之後，卻新舊莫辨，最後只能任取一尊回去。在他選擇佛像之前的那天晚上，佛像降夢告訴他哪一尊是原來的本相。第二天，他依照夢中的指示選中原來的真佛像，然後離開京師返回徐州，供奉在自己所建的寺廟裏，從此佛像常常放光。

後來，這尊佛像被魏孝文帝請入北台，到了高齊後土時，又派使者迎還鄴下。唐朝中葉，那尊由吳蒼鷹帶回來的佛像又送到相州大慈寺供奉，所謂像法一千年，這一尊佛像就等於一位活佛了。

### 轉法輪

「轉」Cakra，是印度古代戰爭中用的一種武器，它的形狀像個輪子。印度古代有一種傳說，征服四方的大王叫做轉輪王，他出生的時候，空中自然出現此輪，預示他的前途無敵。這裏以輪來比喻佛所說的法。佛的法輪出現於世，一切不正確的見解、不善的法都破碎無餘，所以把說法叫做轉法輪。

# 道俗俱伏，鬼神難侵

世間色、聲、香、味、觸，常能誑惑一切凡夫，令生愛著。

──智者大師

慧嵬禪師不知何方人氏，他持戒精嚴，常常獨自一人在山谷裏修習禪定。

一次他在坐禪的時候，一群山神野鬼前來騷擾他。最先出現的是無頭鬼，慧嵬禪師看到後，神色不變，從容地說：「你既然沒有頭，那就沒有頭痛之苦了，這不是很好嗎？」說完之後，那個無頭鬼便不知去向了。接著又來了一個沒有肚子的鬼，慧嵬禪師對他說：「沒有肚腹，便不會有飢餓之苦，很好！很好！」說罷，鬼亦隱形不見。

後來，無口鬼出現，慧嵬禪師就說沒有口最好，免得惡語傷人，造孽受罪；無眼鬼出現，慧嵬禪師就說沒有眼最好，免得亂看心煩；無手鬼出現，慧嵬禪師就說沒有手最好，免得偷盜、打架。就這樣，許多稀奇古怪的鬼，都被他三言兩語輕輕鬆鬆地打發走了。

有一年冬天，天氣極為寒冷，朔風驟起，大雪紛飛，一個年輕貌美的少女來到他所住的山谷請求借宿一晚。那個少女形貌端正，衣飾華貴，嬌媚柔雅，

儀態萬千，不時以眉目傳情，嗤嗤作笑，發出鐺鐺的鶯聲說：「妾是一位天女，仰慕郎君的高風亮節，天帝打發我來，以奉侍箕帚，郎君不會嫌棄吧！」說完之後，嫋嫋婷婷地輕抬蓮步，行近禪師的面前。可是慧嵬禪師根本不爲所動，他嚴肅地說：「我心如死灰，形如枯木，不會被妳迷惑的，妳也勿需革囊來試。」說罷，乃坐禪入定去。那個嬌滴滴的美人兒見得禪師如此堅貞，喟然嘆了一口氣說：「海水可竭，須彌可傾，彼上人者，秉志貞操，難以搖動，我走了！」於是凌雲而逝。

　　法顯法師去印度求經時，慧嵬禪師曾跟隨他一同前往，正要去于闐國的時候，慧嵬禪師和另外兩個人卻返回了高昌。他們三個人在高昌停留了一段時間後，又來到了山東。

　　當時有個大官名叫王恢，他在山東遊山玩水之際，發現了一間精舍，看到裏面有三個僧人，每人各坐一張繩床，入了禪定。王恢站著不敢驚動，

等了許久才彈了一下手指，那三個僧人睜開眼睛望了一望，又闔上了眼睛。王恢轉往別室訪問寺中的老前輩，老前輩說：「那三個僧人，是隱居以求其志的高潔禪師，道行非淺啊！」王恢將此事報告給皇帝劉裕，劉裕聽後，立即派人上山迎請，經過多番請求，其中兩個僧人推薦智嚴禪師前往受供。那兩個高僧，一個是慧簡，一個是慧覽，他們視名利猶如敝屣，正是「道高龍虎伏，德重鬼神欽」！

## 佛的涅槃日

我國一般認為農曆二月十五日是佛涅槃日，四月初八日是佛誕生日，十二月初八日是佛成道日。南方各國則以西曆五月月圓日相當於我國農曆四月十五日為佛節日Vai'sākha，認為佛誕生、成道、涅槃都在這一天。

# 第三章

## 南北朝
## 釋教勃興，初遭法難

# 漢地大德，聲動外邦

深潛不露，是名持戒，若浮於外，未久必敗。有口若啞，有耳若聾，絕群離俗，其道乃崇。

——《西方確指》

智嚴法師從小就皈依佛門，以精勤修行聞名於世。他身穿衲衣坐禪，常年食素，以廣拜名師、遍覽經書為己任。他從少年開始就周遊各國，最後來到罽賓，住在摩天陀羅寺，拜在佛馱先法師門下學習禪法，僅僅用了3年的時間，就完成了別人需要10年才能完成的課業。佛馱先法師對他特別器重，當地的僧侶和信徒們也都感嘆說：「沒想到漢地竟有如此求道修行的僧人，真是不容小覷啊！」從此他們不再輕視漢人僧侶了。

後來，智嚴法師得到慧簡和慧覓的推薦，返回京師，住在始興寺。他的心境恬淡，總是避開熱鬧的地方。王恢特意在東門郊外建築一間精舍，取名為枳園寺，用來供養智嚴法師。

宋元嘉四年(西元427年)，智嚴法師和寶雲和尚一起譯出了《普曜》、《廣博嚴淨》、《四天王》等經書。

　　智嚴法師生性喜愛清淨，不喜歡塵世的喧鬧，平日裏除了翻譯經文，就是念佛坐禪。他住在枳園寺，從不接受別人的邀請，常常靠外出化緣乞食來養活自己，當地的僧侶和百姓都很尊敬他。智嚴法師道行日高，遠近聞名，連鬼神都敬服他。一個見過鬼的人說，在西州太社裏，群鬼相互告誡說：「嚴公到來時，我們應當迴避。」這個人最初不明白群鬼說的這些話是什麼意思。直到智嚴法師走進太社，這個人才恍然大悟，原來群鬼所說的嚴公指的是智嚴法師。

　　蘭陵蕭思話的夫人劉氏臥病在床，時常看見一群鬼來找她的麻煩，日夜驚恐不安。蕭思話請智嚴法師來家裏說法，法師剛到外堂，劉氏夫人就看見群鬼四散奔逃，這真是所謂「一正能壓百邪」。智嚴法師來後，為夫人講說佛經，夫人的病馬上就好了。從此夫人秉持五戒，一家人都拜他為師。

　　智嚴法師清心寡慾，別人施給他的東西，轉手就施給了別人。他從小就遊方參學，胸中並無執著，從不自吹自擂，雖然有很多美德，但從不肯顯露，因此世人也就無法知曉了。在他還沒有出家以前，曾受過五戒，但未免有所虧犯，後來出家受了具足大戒，時常懷疑不得戒，心中常有恐懼。再加上自己多年修習禪觀，總得不到什麼境界，於是他從水路再次前往天竺，請教那裏的善知識。智嚴法師遇到羅漢比丘，就將自己的心事和盤托出，可是羅漢也不敢判決，於是入了禪定，上升兜率陀天，代智嚴法師求教於彌勒菩薩。彌勒菩薩說：「他得戒了！」智嚴法師得知後大喜，又從天竺步行回國。當他走到罽賓國時，無疾而終，終年七十八歲。

　　罽賓國有個風俗，僧人圓寂後要分出凡僧和聖僧，在不同的地方焚化。智嚴法師雖然戒行精嚴，是個得道的高僧，但是實在功夫沒有顯露，罽賓國的人並不瞭解他。開始人們將他的遺體移往普通僧人的墓地，但他的屍體很重，無法移動。後來那些人改變主意，將其移往賢聖僧的墓地，遺體飄然而輕。他的弟子智羽和智遠，在智嚴法師死後，從天竺回來，向人們說了這件事，世人才知道他已經成道。至於他的果位高低，那就不得而知了。

## 敲鐘

　　佛門、佛事，鐘用於祈壽、感化、超渡眾生。在一口佛鐘上鑄有這樣的銘文：「鐘聲聞，煩惱輕，智慧長，菩提生，離地獄，出火炕，願成佛，渡眾生。」佛寺的鐘多是晨暮各敲一次，每次緊敲18下，慢敲18下，不緊不慢再敲18下，如此反覆兩遍，共108下。為何要定為108下？一說是一年有12月、24節氣、72候（五天為一候），合為108，象徵一年輪迴，天長地久。另一說是，人有108種煩惱，鐘鳴108響，以盡除人間煩惱。

# 日誦萬言，識明咒解

幸賴善緣得聞法要，此千生萬劫轉凡成聖之時。尚復徘徊岐路，乍前乍卻，則更歷千生萬劫，亦如是而止耳！況輾轉淪陷，更有不可知者哉？

——清·彭際清居士

罽賓國的三藏法師曇摩讖（註：曇摩讖，號「伊波勒菩薩」），博學多識，通曉陰陽、五行、禁咒等法術，能夠預見國家的安危治亂，他所說的預言，日後無不應驗。東晉安帝（西元382年～西元418年）時，他帶著《大涅盤經》前十卷，以及《菩薩戒經》等，來到甘肅的姑臧。

一日黃昏，他來到一家旅店借宿，生怕經卷遺失，吃飯時放在身旁，臨睡覺時又枕在頭下。到了深夜，曇摩讖突然被人拖落到地上，他點燃蠟燭四處查看，卻沒有發現任何異常情況，如此一連三夜使他不勝煩惱。後來聽到空中傳來聲音說：「這是如來的解脫聖典，怎麼可以拿來當作枕頭呢？」曇摩讖聽後，即時悔悟，急忙將經卷放在高處。佛經是法寶，有許多護法神在守護，若把法寶當作枕頭，不但無福，反而有罪。

過了幾天，小偷入室行竊，幾次想偷走他的經卷，都無法拿動。他覺得十分奇怪，在天亮後扮做客人來這裏探問究竟，當他看見曇摩讖輕而易舉地就把

經卷捧在手中時，才覺悟到佛經的神聖。於是立刻跪在曇摩讖面前，即時向他無禮懺悔。

曇摩讖來到中國後，北涼的河西王沮渠蒙遜對他十分禮遇，把他接到寺廟裏居住供養，並常常向他請教國家大事。沮渠蒙遜雖然皈依了佛教，但他對佛教仍抱有懷疑。一次，沮渠蒙遜患了病，曇摩讖對他說：「觀世音菩薩與我國有緣，何不誦念《普門品》以求平安呢？」沮渠蒙遜依照他的話誦念《普門品》，不久病就好了。從此，沮渠蒙遜對佛教心悅誠服，不再有絲毫懷疑。他還派人在涼州以南一百里的地方，為自己的母親建造石佛像，那裏群山起伏，

修建的佛像，有些是塑的，有些是鑿的，形態千變萬化。

宋文帝元嘉六年（西元429年），沮渠蒙遜派世子沮渠興國攻打乞伏、暮末於抱罕，打了敗仗，沮渠興國逃到一間佛寺，被敵人發現後殺死。沮渠蒙遜聞訊大怒，認為信佛無靈，就下令拆毀寺塔，將僧人驅逐出境。一日，他來到陽述山，看見很多僧人站在路旁，不覺大怒，立刻下令殺了幾個僧人。這時，士兵向他稟告說：「寺廟裏的石佛像日夜不停地流淚，不知是何徵兆？」沮渠蒙遜急忙帶人趕到寺廟，剛走到門外，不覺渾身顫抖，雙腳無法動

彈，左右將他抬進寺廟，果然看見石佛像在不停地流淚。沮渠蒙遜大爲感動，叩頭懺悔，即時舉行齋僧大會，並恢復了所有寺廟的本來面目。

後來北魏發下一道詔書，要沮渠蒙遜把曇摩讖送往京師，沮渠蒙遜不想放曇摩讖走，可是又害怕北魏會出兵攻打他，同時他又深恨曇摩讖想要離開，於是就暗中指使人殺死了曇摩讖。曇摩讖在遇害的那一天，對他的弟子說：「我的業障將至，眾聖皆不能救矣。」說完不久，就被派來的兇手殺害了。曇摩讖死後，宮廷的侍衛常常在白天看見鬼神用劍擊打沮渠蒙遜，不久沮渠蒙遜便死了。

## 密宗

亦稱密教、秘密教、瑜伽密教、金剛乘、真言乘等。因該宗依理事觀行，修習三密瑜伽（相應）而獲得悉地（成就），故名。在中國弘傳純粹密教（「純密」）並正式形成宗派的，實始於善無畏、金剛智、不空等。《金剛頂經》為密宗所依的主要經典。該宗認為世界萬物、佛和眾生皆由地、水、火、風、空、識「六大」所造。前「五大」為「色法」，屬胎藏界（有「理」、「因」、「本覺」三個方面的意義）；「識」為「心法」，屬金剛界（有「智」、「果」、「始覺」、「自證」四個方面的意義）。主張色心不二，金胎為一。兩者含宇宙萬有，而又皆具眾生心中。佛與眾生體性相同。眾生依法修習「三密加持」就能使身、口、意「三業」清淨，與佛的身、口、意三密相應，即身成佛。

# 持杯飛渡，亦幻亦真

何年顧虎頭，滿壁畫瀛州。赤日石林氣，青天江海流。錫飛常近鶴，杯度不驚鷗。似得廬山路，真隨惠遠遊。

——杜甫 《題玄武禪師屋壁》

南朝有一神僧，最初現身冀州，挈一木杯，渡水必乘之，時人都稱他為杯渡和尚。杯渡不修細行，飲酒啖肉，而神力卓越。他的神通事蹟，世人無法揣摩。

他曾在一戶人家寄宿，臨走時把人家的金像給偷走了，那家的主人聞訊後飛馬趕來，卻無法追上看似慢騰騰走路的杯渡。來到孟津河邊，他把木杯扔到水中，腳踏木杯渡河而去，既不靠風力推動，又不用槳櫓搖撐，疾如飛鳥，轉眼之間就到達了對岸。

後來他又來到京師，身上穿的衣服破爛不堪，說起話來也語無倫次，有時敲冰洗澡，有時著屐上山，有時赤腳入市，肩上背著一個用蘆葦編織的袋子，除此之外，身無餘物。他時常去延賢寺找法意和尚，每次去法意都特意找一個房間來招待他。

一次，他隻身前往瓜洲，在江邊想搭乘渡船，船上的人見他衣衫襤褸，都不肯載他。杯渡呵呵一笑，把木杯當作鞋子，一邊唱歌一邊在水面行走，很快就到達對岸，把船上的人嚇得目瞪口呆。

一個姓李的財主，在家裏設八關齋，主人原本與杯渡素不相識，杯渡卻大搖大擺地闖進齋堂，還把蘆袋放在天井。家人見他穿的是破爛衣服，都有些看不起他，他們發現蘆袋擋住了路口，就想把它移到牆邊，可是用盡了力氣都無法移動它。杯渡吃過齋飯，用手提起蘆袋，笑著說：「四天王降福於李家了！」說著就從蘆袋拿出四個小娃娃，一個個長僅數寸，面容端正，衣衫鮮潔。姓李的財主被他弄得哭笑不得，吩咐家人將其挽留住，可是他早就不知跑到哪裡去了。三日後，有人看見他坐在西界的蒙龍樹下，李家的人得以將他拜請到家，日日供養。

兗州刺史劉興伯聽到杯渡的大名，派人帶著厚禮去邀請他。杯渡背著蘆袋而來，劉興伯派了十多個人試提他的蘆袋，都無法提起。劉興伯打開蘆袋一看，發現裏面只有一件破棉衲和一只木杯。杯渡在兗州逗留了數日之後，又返回李家住了二十多天。一日清晨，他向李家的人索要袈裟，限中午之前辦好，李家的人立刻去辦，到了中午也沒有辦好，杯渡說：「我暫且出去走一走。」可是到了夜晚他還沒有回來。人們四處找尋，發現他在北岩下，臥在一件破爛袈裟上死去了，在他的頭前腳後，各生出一朵蓮花，花色鮮香，經過一晚方才萎謝。數日後，有人從北方來，說他曾看見杯渡背著蘆袋向彭城方向去了，村裏的人打開他的棺材，發現只有一隻鞋子放在裏面，根本沒有他的屍體。

　　杯渡到了彭城，居士黃欣深信佛法，看見他便叩頭禮拜，請他回家供養。黃欣的家裏十分貧窮，所供養的只有麥飯，可是杯渡每次都吃得津津有味。如此過了半年之久，一天他對黃欣說：「請你為我準備好三十六個蘆袋，我有用處。」黃欣為難地說：「我這裏只有十個，家裏貧寒，實在是沒有錢多買幾個。」杯渡說：「你試著找找看，家裏一定有的。」黃欣盡量去找，果然找得三十六個，陳列在天井中間。這三十六個蘆袋，原本都是破爛不堪的，可是瞬間都變得新淨完好，裝滿了錢幣。黃欣沒有獨佔這些錢，都拿去佈施了。又過了一年之後，杯渡辭行，黃欣夜裏為他籌備好乾糧，到了第二天，糧食依舊存在，杯渡卻已經不知去向。

　　後來杯渡往遊蘇州一帶，途經河邊看見一個人在釣魚，杯渡便向他乞魚，釣魚的人甩給他一尾死魚，杯渡對著死魚吹了一口氣，然後投入水中，死魚頃刻間復活，悠悠而去。他又看見有人用網捕魚，於是上前乞魚，捕魚的人不但不給，反而將他臭罵一頓，杯渡拾起兩顆石子投入水中，變成兩隻水牛在網中打架，將魚網撕破，捕魚人轉過身來想找杯渡理論，發現杯渡早已不知去向，兩隻水牛也忽然不見了。

　　南州有一個姓陳的人，家裏頗有錢財，杯渡接受他的邀請，陳家也待他很好。一日，陳家人聽說都下也有一個杯渡，陳家父子五人都不大相信，於是陳姓家長就親自去都下查看。來人發現那個杯渡跟家裏的杯渡，形貌舉動完全一樣。陳姓家長備好一碟蜜薑、一把刀子、一些香料，以及一條手巾來招待他。他把蜜薑全部吃盡，其他三件東西放在膝上。陳姓家長歸來後，發現家裏的杯

渡也是把刀子、香料和手巾放在膝上，只是不吃蜜薑。家裏的杯渡說：「刀子鈍，你把它磨利一點吧！」眾人都不明白是什麼意思。吳郡的朱靈期，從高麗乘船返國，中途遇著颱風，在海上漂泊了九天，最後所乘的船漂到一座荒山，山裏的一個僧人對他們說：「我是杯渡的弟子，從前我拿著師父的缽盂死在治城寺，如今拜託你們把缽盂送還給他。你們派一個人手拿缽盂坐在船頭，另派一個人把舵，自然就會到達京師的。」同時他又將一封信和一根青竹杖交給他

們。朱靈期等人向僧人告辭，僧人用手指了指說：「從此路去，只有七里的路程，便可以走到你們的船上，不必從原路返回。」他們依照吩咐向西轉，果然只走了七里路就回到船上，眾人上船閉目靜坐，這時，船騰空而起，從山頂的樹木上掠過。如是經過三天，青竹杖忽然不知去向，眾人睜眼一看，發現船已駛入淮河，到達朱雀門。陳家的杯渡當時騎在一艘大船的欄杆上，拿著一根青竹杖敲打欄杆說：「馬呀馬！為什麼你不走？」他看見朱靈期等人下船，就大笑著說：「哈哈！是不是有我的信啊？是要我回去嗎？」朱靈期將書信和缽盂雙手奉上，杯渡把缽盂擲上空中，伸手又接回來說：「我不見此缽，已經四千年了。」當天晚上，陳家的杯渡便絕跡不見了。

至於都下的杯渡，依舊往來於山林和城市之間，爲人持咒治病。當地有叫庚常的人，家裏的婢女偷了東西逃走了，庚常派人四處找尋，都沒有結果。於是就去請教杯渡，杯渡說：「她已經死在金城江邊的空墓裏面了。」庚常派人前往查看，果然發現了婢女的屍體。一個叫孔寧子的黃門侍郎，在官衙內患了痢疾，杯渡對他說：「你大限將至，家中四個被人殺傷的鬼，就站在門口。」孔寧子哭著說：「昔日孫恩作亂，我的雙親和叔父都是被痛打致死的。」不久，孔寧子就不治而亡了。還有一個叫齊諧的人，他的岳母胡氏生病，群醫束手無策，杯渡來到齊家，一經唸咒，胡氏的病立刻就好了。

南朝宋文帝元嘉三年（西元426年）九月間，杯渡辭別齊諧前往東方，留下一萬錢託齊諧設齋供僧。他走到赤山湖患痢疾而死，被人葬在覆舟山。到了元嘉五年（西元428年）三月初八日，杯渡又來到齊諧的家裏，人們看見後大爲驚奇，立刻叩頭禮拜。杯渡對衆人說：「今年流年不好，你們要勤修福慧，這裏的法意和尙很有道德，可到他那裏共同修行，念佛修廟，以避災禍。」說完，飄然而去。

## 南無

是梵語Namo的音譯， 讀作那謨，亦有譯作「南謨」、「那謨」等。意為致敬、歸敬、歸命。是保持原來古代的讀音。現代廣東、福建部分地區，仍保持這個古音，它的意義是「敬禮」。今天印度人相見，互道「那摩悉對」，就是說：「敬禮了」。

# 粉身碎骨，求取佛經

晉、宋、齊、梁、唐朝間，高僧求法離長安；去人成百歸無十，後者安知前者難。路遠碧天唯冷結，沙河遮障力痕彈；後賢若不諳斯旨，往往將經容易看。

——唐·義淨三藏法師

法勇大法師，俗家姓李，幽州黃龍人氏，從小就出了家，精勤向道，每日規規矩矩地持戒誦經，爲當時的師友們所推崇。他聽到法顯和尚去西天竺求經的消息，便慨然有忘身的誓願，要步他們的後塵，探求無上法寶，以校正過去的典籍。劉宋永初元年（西元420年），法勇招集了二十五個志同道合的僧人，準備好長幡、寶蓋等供養東西，便踏上了求經之路。

他們從河南國出發，進入流沙，經過高昌，入龜茲、沙勒等國，渡過蔥嶺，登上大雪山。所經之處崗巒起伏、瘴氣千重、積冰萬里。在過索橋的時候，他們以十人爲一組，一個小組安全到達彼岸後，即時點燃火把做爲信號，後面的人見到信號，便知道前面的人已經安全到達了；如果許久看不見煙火，就要擔心同伴可能被暴風吹翻繩索，掉入急流。他們好不容易走出這一重難關，滿以爲從此就脫離險境，哪曉得大雪山的行程更爲危險——那裏四面都是峭壁懸崖，沒有一處立足的餘地。幸而石壁上都有石孔，孔孔相對，他們每個

人都手執四根木棒，將其插入石孔，藉著木棒逐步向上攀爬。他們過了這根木棒，就要拔出來，再插進另外一個石孔，然後又攀著新插入的木棒逐步向前。如此輾轉攀爬，用了十幾個時辰才到達比較平坦的地方。在攀爬的過程中，有十二個同伴不幸跌入了懸崖。求法之難，難於上青天，古人為了去西域求經，粉身碎骨的不知多少。

法勇來到罽賓國後，在佛鉢寺學習梵書和梵語，同時還獲得一部用梵文寫的《觀世音受記經》。一年後，他們又繼續西行，在大月氏國，瞻禮佛肉髻骨，增加了不少見聞。在檀特山南石留寺，他們受了千佛大戒，並在此研究三乘的經典以及真俗二諦的學理，停留了三個月後，又繼續向北行進。

他們一班人快到舍衛國邊境的時候，路上突然來了一群野象，法勇不慌不忙默念起觀世音菩薩聖號，這時有隻獅子從樹林中咆哮而出，那些野象一看見獅子，嚇得驚惶四散。他們在渡恆河的時候，又遇到一群野牛，牠們挺著尖利的犄角向岸邊衝來，法勇非常鎮靜，口內還是默念觀世音菩薩聖號，在這千鈞一髮之際，一隻大鷲鳥飛了下來，將那些野牛趕走了。這就是《普門品》所謂「若惡獸圍繞，利牙爪可怖，念彼觀音力，疾走無邊方」的證明。法勇一行二十五人前往天竺求經，歷經二十年之久，只有他一人取得經典回到揚都譯經，可見古人求法之難。

## 觀音菩薩

　　又做觀世音菩薩、觀自在菩薩、光世音菩薩等，從字面解釋就是「觀察(世間民眾的)聲音」的菩薩，是四大菩薩之一。祂相貌端莊、慈祥，經常手持淨瓶、楊柳，具有無量的智慧和神通，大慈大悲，普救人間災難。在人們遇到災難時，只要念其名號，便前往救渡，所以稱觀世音。在佛教中，祂是西方極樂世界教主阿彌陀佛座下的上首菩薩，和大勢至菩薩一起，是阿彌陀佛身邊的脅侍菩薩，並稱「西方三聖」。

# 大孝至愛，神識安樂

悲母在堂，名之為富；悲母不在，名之為貧。悲母在時，名為日中；悲母死時，名為日沒。

——《心地觀經》

南朝時，有個比丘尼名叫慧木，俗家姓傳，十一歲就出了家，受戒後住在梁郡的築戈村寺。她最初讀《大品經》，每日要誦念兩卷，師父慧超曾修建一間經堂，慧木時常到經堂拜佛。她每次去拜佛時，都會看到佛堂的東北角有一位金面黑衣的僧人，走路時足不點地。她心中暗想：「這個僧人若不是菩薩，就一定是阿羅漢。」

慧木時常在夢中念經。有一次，她夢見自己來到西方極樂世界，看見一個大蓮花池，池中有蓮花，花中有化生的人，一行行、一列列地坐在蓮花上面。其中有一朵大蓮花上空無一人，慧木便想攀上去，當她用力的時候，又高聲誦起經來，誦經的聲音被她的母親聽到了，以為她被鬼魘了，急忙將她叫醒。

慧木十分孝順，她的母親年紀老了，牙齒盡行脫落，慧木天天嚼飯、嚼肉餵她，猶如烏鴉反哺一樣。她也因此沾染了葷食，到了三十歲時，還沒有受大戒。等到母親死後，慧木才把園裏的草鑤去，建築一間佛堂，開壇受戒。在她受戒的時候，大地盡放光明，變做黃金色，西南方的高空中，出現一位身穿赤

黃色衣服的天人，向她招手致意。她對所見到的靈異境界嚴守秘密，從來不肯告訴別人，就連她的哥哥也不清楚。她的哥哥想知道慧木所看見的境界，就故意嚇唬她說：「妳學道多年，仍一無成就，不如蓄回頭髮，我為妳找一戶人家，送妳還俗好了。」慧木恐慌起來，於是把平日所看見的境界盡情吐露。

當時很少有人知道她的秘密，只有靜稱尼師知道她有得道，常常跟她來往，她也會把所看見的境界告訴靜稱尼師。一次，慧木和幾位比丘尼去禮拜無量壽佛，一跪在地上，就伏在那裏一動也不動了，其他的尼師看見，都以為她睡著，於是就用腳把她踢醒了。回來後，她對靜稱尼師說：「當我跪下的時候，神識就到了安樂國，看見阿彌陀佛說《小品經》，正聽得入神之際，被她們一踢，就踢醒了，真是可惜！可惜！」從此僧尼道俗都知道她真誠向佛，已經得到很大感應。

慧木於宋文帝元嘉十四年（西元437年）生西，世壽六十九歲。

佛教中荷花的含意是廣泛的，包括不同屬的睡蓮等等。以荷花顏色分之，佛經上有白、青、紅、紫、黃等五色，稱為「五種天花」。其中白、青兩色最受青睞。白蓮花，梵文音譯為芬陀利，此花最大，花瓣數百，考試又名「百葉花」。此花生長於佛國阿耨達池中，人世間難以見到，故又稱「希（稀）有之華（花）」，佛祖釋迦稱它為「人中好花」。青蓮花，梵文音譯為優缽羅，因色青故名。葉狹長，近下小圓，向上漸尖，青白分明，酷似佛眼，故在佛經中稱之為「蓮眼」，亦即觀音菩薩的眼睛。

# 誦經之韻，繞樑三日

　　若有眾生多於淫慾，常念恭敬觀世音菩薩，便得離慾。若多瞋恚，常念恭敬觀世音菩薩，便得離瞋。若多愚癡，常念恭敬觀世音菩薩，便得離癡。

——《妙法蓮華經》

　　南齊時的釋僧辯，俗家姓吳，建康人氏，在安樂寺出家。他從小就愛讀佛經，所讀的經哀婉折衷，獨步一時。一次，他在新亭劉紹家裏居住，初更便開始讀經，讀到興致時，一群白鶴也飛到石階前聽他讀經，直到全部讀完，白鶴才一起飛去。從此以後，他的名聲大振，所有讀經的人，都奉他爲宗師。

　　南齊的文宣王，曾經夢見自己在佛前讀《維摩經》，醒來後，即時走進佛堂，按照夢中的樣子誦念《維摩經》，覺得音韻悠揚，十分

悅耳。他高興地說：「明天我要召集在京師善於讀經的出家人僧辯、普智、道興、慧忍及超勝，讓他們輪流讀經。」第二天一早，文宣王就派人禮請僧辯等前來。僧辯唯讀《維摩經》一章，七言偈一首，讀得響遏行雲，美妙的聲音在屋樑上迴旋不絕，歷久不散。

白馬寺有一個叫釋曇憑的僧人，他和僧辯生活在同一個時代，俗家姓名叫楊建，南安地方人氏。少年時就到京師學習唱讚，唱出的音調十分好聽，可是當時的人卻不大推崇他。他日夜精勤地研習，漸漸地便卓然出眾。後來離開京師，返回西蜀，居住在龍淵寺。當地的人很喜愛他讀經頌讚的聲音，當他唱讚的時候，象和馬聽到都為之悲鳴；街上的行人，往往駐足細聽。後來他鑄造了一口銅鐘，銅鐘也有種種高低不同的音韻。

《維摩經》

又稱《維摩詰所說經》、《維摩詰經》、《淨名經》、《不可思議解脫經》，凡3卷14品，後秦鳩摩羅什譯，收於大正藏第14冊。主旨在於宣傳大乘般若空觀，批評小乘的片面性，彈偏斥小嘆大褒圓。月溪禪師謂「此經是直接表示真如佛性，故與禪宗祖師所發揮者最為吻合。六祖《壇經》所示道理，與此經共通之處甚多，歷代祖師亦多引此經言句以接後學」。

# 法侔寶志，奇行多識

水中之月，了不可取。虛空其心，寥廓無主。錦檬鳥爪，獨行絕侶。刀齊尺梁，扇迷陳語。丹青聖容，何往何所？

——唐·李白《志公畫贊》

　　南朝時，金城有個姓朱的婦人，在鷹巢裏發現一個嬰兒，她覺得很驚奇，就抱回家裏當作是自己的兒子來哺養。經中描述他的長相說：「面方而瑩徹如鏡，手足皆鳥爪。」這就是一代神僧寶志公來到人間的第一個奇蹟。

　　這個降生在鷹巢裏的嬰兒由朱姓的婦人哺養到七歲時，就開始拜湖北襄陽的一個和尚為師，學習參禪入定。他跟隨師父，常常行腳於皖山和劍水之間，在這一段時期，他和一般小沙彌一樣，規規矩矩地過著極為平常的學習生活，並沒有什麼特殊的表現。

　　可是到了劉宋泰始年間（西元466年～西元471年），寶志公的性情忽然大變，原本是文靜、端莊的他突然變得狂放不羈、不修邊幅，頭髮長了好幾寸也不剪不剃，常常打著赤腳在大街小巷行走；食無定時，居無定所；手裏經常提著一根錫杖，錫杖上掛著剪刀、鏡子，或者是一兩匹布帛。到了南齊建元年間（西元479年～西元482年），他的神跡便漸漸地顯露出來，幾天不進食，也不

覺得飢餓；又常講一些人們當時無法理解的話，但事後把他的預言對證起來，無不應驗；他還做了幾首預言的詩歌，暗示吉凶和禍福。江東一帶的人民沒有不敬佩他的，他的大名很快傳遍了江南。

齊武帝卻認爲寶志公妖言惑眾，認爲國內有這麼一個僧人，會對自己的統治產生不利的影響，於是將他囚禁在牢獄之中。神奇的是，當寶志公入獄的第二天清早，人們仍舊見到他在街市上遊走，前往探監時，卻發現他仍在牢獄中。

一日，寶志公對獄卒說：「門外有人用金缽盛飯來，你趕快去取！」獄卒猶豫地走到門外觀看，果然有兩個人，一個是齊文惠太子，一個是竟陵王子良，送來了許多飯菜。建康令呂文顯得知這件事後，立刻上奏齊武帝。齊武帝大爲感動，請他出獄，住在皇宮的後堂，禁止與外界來往。可是沒過幾天，就有人報告說景陽山上寶志公和七個僧人在談經，齊武帝聽後勃然大怒，立刻下令追查。侍衛們發現寶志公一直在禁宮裏，根本沒有離開過。

僧官法獻想送給寶志公一件衣服，就派人把衣服送往龍光寺。到寺一問，才知道他昨夜在該寺掛單，清晨已經離去；再往附近的闐賓寺找尋，也說他昨夜在闐賓寺住了一夜，一大早就走了。後來又去厲侯伯家裏打聽，厲侯伯說：「志公昨夜在此趺坐，睡得很晚，現在還沒有醒來。」送衣服的人回去把實情報上，法獻這才知道，寶志公竟能在一夜之間，分身三處。寶志公在多天常常袒露著上身，僧人寶亮打算送給他一件棉衣，誰知他剛有此念頭，寶志公就到

他的面前來，將準備送給他的棉衣一手就拿走了。

　　齊太祖高皇帝在世時，常常用刀錐刺戳犯人，太祖死後，墮入地獄，也受刀錐的苦報。寶志公引領齊武帝的神識來到地獄，讓他看看太祖所受的苦刑，好讓他有所警醒。武帝看後，懺悔父親和自己所造的惡業，同時也害怕自己死後也會受到同樣的苦報，於是永遠廢除了刀錐的刑罰。有一次，寶志公戴著三頂帽子去見齊武帝，齊武帝問他為何如此，他一臉悲戚，閉口不言。事隔不久齊武帝就死了，接著他的兒子文惠太子，以及豫章王又相繼去世。寶志公一直住在皇城裏東宮的後堂。

　　一天，他經過一道宮門，忽然提起衣服，大聲驚叫道：「此處有血光之災，有血沾染了我的衣服！」過了幾日，齊廢帝被蕭鸞殺死，屍首扛出，經過那一道宮門時，在門楣上流下很多鮮血。有一個叫胡諧的官員，生了病，使人去請寶志公，寶志公寫下「明屈」兩個字，交來人帶回。人們都不明白這是什麼意思，到了第二天，胡諧死了，寶志公指著正在抬出來的屍體說：「這不是明日屍體出來了嗎？」

　　太尉司馬殷齊之，將要去鎮守江州，臨行時特來向寶志公辭行。寶志公拿出一張紙，畫了一棵樹，又在樹上畫了一隻烏鴉，交給殷齊之說：「急難之時，這棵樹會救你的性命。」後來殷齊之作戰失敗，往廬山逃命，後面有敵兵窮追不捨，正在危急之際，忽然發現叢林中有一棵樹，樹上棲著一隻烏鴉，與寶志公從前所畫的一模一樣。殷齊之趕緊爬上那一棵樹，樹上的烏鴉看見他爬

上樹來，並沒有嚇走。追兵來到這棵樹的附近，看到樹上停留著烏鴉，認爲肯定沒有人在此經過，便轉往其他方向去了，殷齊之因此得以脫險回來。

在南齊時代，寶志公一直被軟禁在皇宮裏，不准自由出入，到了梁武帝即位的時候，他才恢復了自由之身。梁武帝下了一道詔書說：「志公法師，混跡人間，棲身佛國，火不能燒，水不能溺，蛇蠍不能害，虎豹不能侵。若以佛法論，則在聖賢之上；若以隱逸論，則高出神仙之外，豈得以凡情俗慮，而拘禁虐待，何其鄙陋愚癡至於此？從今以後，應當尊崇，出入自由，不許限制。」從此以後，寶志公在皇城才可以隨意出入，無拘無束了。有一次，他當著梁武帝的面大吃魚肉，梁武帝說：「我已經二十多年不曾吃過魚肉了，不知大師怎麼會傷害起生靈來了呢？」寶志公聽後，不慌不忙走到水池邊，張開嘴巴，吐出一條條的小魚來。梁武帝看後驚奇萬分，從此更將寶志公奉爲神明。

會稽臨海寺有一位大德，聽說都下的寶志公，語言顛狂，放縱自在，就懷疑寶志公一定是個狐狸精。他認爲狐狸一看見獵犬必會現出原形，於是就找來一隻獵犬，帶著去見寶志公。他乘船沿江邊行駛，剛到江口，忽然颳起了大風，小船迷失方向。

船隨風漂流了六、七天，最後來到一座孤島。島上有五色祥雲，簇擁著一座金色的佛塔，這位僧人便登上孤島，循著路徑前去，走到一座寺廟前。那間寺廟非常華麗，四周的花卉馨香撲鼻，門前有幾個容貌端莊、披著袈裟的僧人，扶著錫杖在談經說法。他走上前向那些僧人問道：「各位上人，我乘船前

往揚州，不料中途遇到風浪，漂流到此地，不知這是什麼地方？」其中一位僧人說：「你要往揚州去嗎？不難！很快就可以到達。我託你帶一封信，送給鐘山寺西寮房南首第二房的黃頭道人。」臨海寺的僧人接過書信，便上船閉目靜坐，突然風聲怒吼，船疾馳而去，不久便到達揚州。他來到鐘山寺，找到西寮房南首第二號房，原來是寶志公的住所。寶志公經常在外，三兩個月才回來一次，這間寮房經常是空著的。正在談論之際，忽然聽見廚房裏有人吵鬧，寶志公正趁著幾分醉意，向廚師索東西吃。因為過了吃飯時間，廚師沒有給他，他便大聲叫罵起來。這時寺裏的一個小沙彌跑到廚房輕輕地喊了幾聲：「黃頭！

黃頭！」寶志公聽到後，立刻走了出來，一看見那個臨海寺的和尚，劈頭就問：「你不是帶獵犬來捉我嗎？爲何空著手來了？」臨海和尚這才知道寶志公確實是一個不平凡的僧人，當下就向他頂禮懺悔，並將那封信遞交給他。寶志公展開書信一看，便說道：「方丈道人召喚我，不用多久我也該自行回去。」說罷，寶志公屈指算了算，說某月某日就回去，之後就不再說話了。

梁武帝天監十三年（西元514年）冬季，有一天，寶志公忽然在皇宮的後堂裏對人說：「菩薩將去！」十天之後，他便無疾而終。死後的遺體芳香柔軟，臉色如生。在他臨終時，特地點燃一支蠟燭，託人交給梁武帝。梁武帝感嘆地說：「一代大師竟不能再留了，臨終點燭給我，應該是囑咐我代辦後事。」於是厚加殯葬，遺體安葬在鍾山獨龍崗上。

### 志公禪師勸世念佛文

回頭好，回頭好，持齋念佛隨身寶。有有無無都麻煩，勞勞碌碌幾時間？人生曲曲彎彎水，世事重重疊疊山。古古今今多變故，貧貧富富有循環。將將就就隨時過，苦苦甜甜命一般。貪利求名滿世間，不如破衲道人閒。籠雞有食湯鍋近；野鶴無糧天地寬。富貴百年難保守；六道輪迴易循環。勸君早覺修行路，一失人身萬劫難。

# 白蓮普渡，佈施放生

大士兜率來，震動三世佛；蓮花匝地生，特許迎彌勒。普光初學道，無邊世界動；回天復轉地，併入一毛孔。

——慧集法師

當時的人聽到慧集法師的歌聲，大多不能領會，其實他是在讚頌傅大士是個入世菩薩。

南梁有個慧集法師，出身於貧賤之家，從小就被人賣做奴隸，長大後逃往天臺山出家，修頭陀苦行，精勤求道。他為了逃避主人的追捕，時常居無定所。他聽說東陽傅大士深明佛理，就想去親近他。慧集法師白天不敢走路，只好在夜晚悄悄地前往東陽。他不認識路徑，往往東撞西撞，走到交叉路口，又不知該選擇哪條路。最後，他索性閉上雙眼，漫無目的地向前走，冥冥之中好像有神人引路，就這樣盲走瞎闖，居然來到了傅大士的住所。

傅大士一直想施捨財寶，為三界眾生舉行法會，只是苦於沒有人來幫助。在慧集法師到來之前，傅大士做了一個夢，夢見釋迦如來對他說：「你不要憂愁，我派一個沙門來幫助你了。」接著又夢見從自己口中生出一個小孩子，仰臥在膝上。他就對小孩說：「你認得我嗎？」小孩答道：「我怎會不認得您

呢？您是彌勒佛啊！」說完就跳下地，變成一個大德沙門。他剛從夢中醒來，慧集法師就趕到了。傅大士爲慧集解說種種法門，慧集朗然開悟。傅大士對人說慧集是觀音將世，他爲了弘法，不惜毀形入世，若不是大權示現，是不肯這樣做的。

慧集法師在會稽的龍華寺時，有一個跛腳病人扶著兩隻柺杖前來求治，他對慧集法師說：「我這個病，已經有四十多年了，求法師發發慈悲渡我脫離苦海吧！」慧集法師說：「你但一心念我，便可消除病痛！」病人依照他的話，心裏不斷默念著慧集法師的法號。一炷香的工夫，法師叫他放下柺杖，那個跛腳病人竟能健步如飛了。病人驚訝地看著慧集法師，法師卻微微一笑，拂衣而去了。

一次，慧集法師在市場裏遇到一個老聾人，已經聾了十幾年了，遍訪名醫，都無法治癒。慧集法師對他說：「你一心念我的名字吧！」他念了不久，慧集法師叫

別人喊他一聲，老聾人稍稍聽到，連續喊他三聲，便完全聽得見了。

太末縣有一個景連道人，心有癥結病。還有一個僧人，瘡癩生得很厲害。他們兩個人都來請慧集法師醫治。慧集法師也是叫他們一心念他的名號，念過不久，兩人的病都好了。慧集法師在信安縣遇見一個比丘尼，患了多年的癲癇病，來求慧集法師醫治，也是念名號痊癒的。

慧集法師心地慈悲，有些病人被他醫好之後，送上財物來供養他，他轉手就施給了窮人。如果在街上看見有人衣衫襤褸，慧集法師就把自己的衣服脫下來，給他穿上，自己穿破爛衣服。他是大慈大悲救苦救難觀世音菩薩的化身，所持的大悲心特重，看見魚網，他想辦法把魚網買來，用火燒掉；看到賣活魚的，不論賤貴，買來之後，全部投入水中。

有一次，他來到長山縣豐江村向漁人苦苦乞求筐裏的魚，打算全部放生，那個漁人不肯給他。他趁漁人到江邊洗澡之際，把筐裏的魚盡行投入江水裏。漁人大怒，對他拳打腳踢，打得他遍體鱗傷，他也知道自己做得不合道理，甘心受罰，沒有一絲不滿的表示。

他在東陽市場想買魚放生，有一個人與他爭著要買，最後被那個人高價買去，慧集法師對他說：「你吃放生魚，恐怕會腸斷的。」那個人把魚拿回家去，與家人一起煮食，食後果然肚子疼痛難忍，只得請來慧集法師，向他懺悔，並發誓以後不再食魚，全家人的肚子立刻不痛了。

慧集法師經常去會稽訪問同道，一天，他看見有兩艘載滿魚的小船停泊在江邊，就將船盡行翻轉，把魚全部放入水中。然後，他取出一些錢放在岸上，對漁人說：「這些是放生錢，略表微意，請勿見責。」在迮溪，他遇到四艘裝滿魚的船，於是苦苦求船主放生，當時身上分文皆無，只得與漁人立約，以後還錢。

慧集法師爲了放生之事，至死不改。他的精心苦行，經歷過許多艱難險阻，卻毫無厭倦。

慧集法師於南梁大同四年（西元538年）正月二十一日圓寂，時年四十七歲。死後七日，有五色神光在寺內轉來轉去，久久不散；又於一日一夜放大光明，僧尼道俗無量數人，皆所共見，大家歡喜，嘆爲稀有。可見觀音菩薩應化人間，確實與衆不同。

佛經上說：東方福智虛空藏，坐青蓮花，乘銀牛；南方能滿虛空藏，坐赤蓮花，乘金象；西方施顧虛空藏，坐白蓮花，乘琉璃馬；北方無垢虛空藏，坐紫蓮花，乘獅子；中央解脫虛空藏，坐黃金蓮花，乘水晶龜。

# 禪定水火，教化猛虎

將身心世界全體放下，做一超方特達之觀。

——蕅益大師

南朝時，襄陽的景空寺有個叫釋法聰的和尚，八歲時便出家為僧。天性貞潔，身形如玉，卓然神秀。長大後，風操高節。他二十五時開始四處交遊，東上嵩嶽，西涉武當。歸來後，在傘蓋山白馬泉搭一間小禪室，以為棲心之宅，參禪悟道。

晉安王對他仰慕已久，剛來到襄陽就催馬趕來參訪他，將要走到小禪室時，所騎的馬無故退卻，晉安王只得返回。過了幾天，乘馬再來，到了原來那個地方，所乘之馬依舊不肯前行。於是晉安王齋戒沐浴，十分虔誠，再來之時，馬兒便不再退走了。當他走到禪室附近，只見禪室火光熊熊，他停住腳步，又看見火光變為大水。過了很久，火光熄滅，洪水退去，一間小小的禪室呈現在眼前。晉安王走進禪室，拜見法聰，訴說剛才所見的情景，才知道是法聰大師入了水火定。法聰坐的繩床兩邊各有一隻老虎，晉安王看到後非常驚恐，法聰將虎頭按在地上，又掩住牠的雙眼，然後請晉安王近前說話。晉安王說：「這裏老虎為患，還望大師降龍伏虎，以救蒼生。」法聰點點頭，即時入了禪定。沒過多久，就有十七隻老虎來到禪室前，法聰給老虎授三皈依，並告

140

誡牠們不要侵犯老百姓；又叫弟子用布條將老虎的頭一一繫住。然後對晉安王說：「請您七日後再到這裏來吧！」七日後，晉安王如約而至，看到法聰正在設齋供眾，那十七隻老虎也來參加，法聰把齋菜施給老虎吃，又將布條解下，從此，這個地方不再有虎患。

一次，法聰帶著晉安王來到白馬泉，泉裏有一隻白龜從法聰手上取食，法聰說：「這是雄性的龍。」他們走到靈泉，泉內有五色鯉魚，也向法聰手上取食，法聰說：「這是雌性的龍。」晉安王和同行的人無不欣賞讚嘆，佈施了許多錢財後才離開。

一夥強盜聞訊後，夜裏衝進禪室來搶劫佈施的東西，忽然遇到一群老虎攔住路口，大聲咆哮；又看見一個高大的金剛神，手執金剛杵，守護著禪室，這夥人嚇得四散逃竄。晉安王將這件事表奏朝廷，梁武帝聽後大為歡喜。

法聰常常勸導人們不要殺生造業。一次，有個屠人趕著一百多隻豬迎面而來，法聰口中唸了三遍《解脫首楞嚴經》，豬的繩索盡行解散，全部都跑掉了。屠人大怒，剛想動手，就感覺肩膀疼痛難忍，最後只得向法聰懺悔，從此斷了殺業。有個漁人在水中牽網捕魚，法聰也是唸了《解脫首楞嚴經》，使漁人無法捕到魚，只好帶著空網回去了，從此那個漁人也皈依了佛法。

當時，荊州大旱，長沙寺使人來請法聰求雨，使者回去以後，即時下了一場大雨，陂池皆滿。

梁武帝太清年間（西元547～西元549年），法聰在江陵天宮寺圓寂。

## 禪宗

　　主張修習禪定，故名。又因以參究的方法，徹見心性的本源為主旨，亦稱佛心宗。傳說創始人為菩提達摩，下傳慧可、僧璨、道信，至五祖弘忍下分為南宗惠能，北宗神秀，時稱「南能北秀」。該宗所依經典，先是《楞伽經》，後為《金剛經》，《六祖壇經》是其代表作。此宗提倡心性本淨，佛性本有，見性成佛。禪宗在中國佛教各宗派中流傳時間最長。

# 漠視功名，歸隱向佛

如來以無盡大悲，矜哀三界，所以出興於世。光闡道教，欲拯群萌，惠以真實之利。難值難見。如優曇花，稀有出現。

——《佛說大乘無量壽莊嚴經》

蕭梁時有個居士名叫何胤，時常去定林寺聽講佛經，漸漸地便通達佛理。他在做建安太守時，對人民有很大的恩德，人民都很尊重他。每年除夕，他都會把囚犯放回家去，新年過後，又叫他們在元宵節返回監獄，那些囚犯沒有一個逃跑的，全都如約而回。

後來他遷居於秦望山，正想要建築小閣的時候，忽然看見兩個形貌雄偉的人對他說：「你想要住在這裏嗎？」何胤點了點頭。其中一個人用手一指說：「那個地方是塊風水寶地。」說過之後，忽然不見。何胤依照他們的指示，修築了幾間小閣。小閣剛建築好，就遭遇了一場大暴雨，山洪爆發，大樹、大石都被沖倒，只有何胤所住的小閣巍然獨存，沒有受到絲毫損失。後來他又移居於虎丘山，在虎丘西寺講授佛經，前來聽講的人絡繹不絕，以致阻塞了道路。

他從前在秦望山，曾和開善寺的藏法師一起研究過佛經，後來藏法師在南京的鐘山圓寂。圓寂的那一天，何胤在般若寺，有一個行腳僧給他帶來一副香奩和一封信，並對他說：「這些東西，是呈給何居士的。」何胤打開書信一

看，原來是一篇當時世上所沒有的《大莊嚴論》。當他回頭尋找來人時，發現那個行腳僧早就不知所蹤了。何胤曾在般若寺內建築一根石柱，取名明珠柱，明珠柱建成之後，放光七日七夜。

何胤在壯年時，喜歡吃魚和肉類，後來漸漸減少一點，但他還是吃白魚、外來鱣脯以及糖蟹。汝南的大居士周顒寫信給他說：「變之大者，莫過死生；生之所重，無逾性命。性命之於彼，極為關切；滋味之於我，可以減輕。若使三世之事理不實，則幸矣！尚何因果之可言？若使三世之事理不虛，而受形者並無停止，一往一來，生死便為平常事矣！然則傷心之事，行將及於自身。閣下於血氣之類，雖不親自屠殺，然而朝魚晚肉，不能不取備於屠門；財帛之經過盜手，猶為廉士所棄，生命之喪於鸞刀，寧復慈心所忍？驎虞雖飢餓，非自死之草不食，聞其風者，豈不使人多愧耶？」這封信寫得情詞悱惻，哀婉動人，何胤看後發誓從此一心向善，戒絕血食。

一次，何胤病重，他的妻子江氏夢見有個神人對她說：「你的丈夫壽數已盡，既然你夫有聖人之德，本該長命，妳能否代替他死呢？」江氏夫人醒後，決定代替丈夫先死，不久便患病而亡。在他八十六歲時，一天夜裏夢見一位神女帶著許多隨從手捧衣服、鞋帽之類，排列成行，到床前跪下。何胤醒後發現她們依舊跪在床前，於是便吩咐家人，預備自己的後事。幾天後，偶感微疾，離開了人間。

**「何氏三高」**

是指南朝時期廬江何氏家族中的三兄弟：何求、何點與何胤。宰相何尚之是他們的祖父。何家世代信佛，及至何求三兄弟已經無意進取官場，遂一味傾心道場。他們先後皆隱居於山林寺廟中，高蹈遠行，時人稱為「三高」，大夫多慕從之。

# 禪學之最，武冠古今

禪宗祖庭，天下名剎佔魁首；達摩道場，四海高僧皈少林。

——少林寺楹聯

天竺國的佛陀禪師原本有五個道友，早晚共同修道，但這些道友都已經證得果位，只有他還沒有證道，心中十分難過，時時痛恨自己業障深重。道友們對他說：「你和東土有緣，不妨親自到那裏去弘法，同時留心渡兩個有緣的弟子，他們會對你有很大的幫助。」佛陀禪師聽後，就由天竺來到中國。北魏孝文帝十分敬重他，特地為他建築一座華麗的寺院，供他靜坐參禪。

一天，有個小沙彌從門縫裏看見佛陀禪師的室內火光熊熊，以為失了火，嚇得大聲喊叫起來，寺院裏的人全都聞訊趕來，只見佛陀禪師安安靜靜地坐在蒲團上，並沒有發生火災，原來是他證入火光三昧。後來北魏孝文帝又在少室山北麓建築一間寺廟供養他，這間寺廟就是名聞天下的少林寺。

佛陀禪師念念不忘要渡兩個有緣弟子。有一天，他行走在洛陽市上，看見一個小孩在井欄邊用腳去踢磚瓦，一連踢了五百多塊，氣不長出，面不改色。這個頑童不過是貪玩而已，但圍觀的人卻大加喝采。佛陀禪師心裏也是暗暗稱奇，一打聽，才知此兒童姓楊，年方十二歲。佛陀禪師心想：「這小孩身手如此不凡，若學道的話也一定能出類拔萃。」於是設法和他交談，聽他聲音洪

亮，心裏更加高興，便問他願不願出家，那小孩回答說：「這正是我求之不得的！」佛陀大喜，立即找到這小孩的父親，徵得其同意，便帶領這小孩回寺，爲他剃度，取名慧光。慧光聰明穎悟，成爲馳譽北朝的一代名僧。事隔不久，佛陀禪師又渡了一個青年，給他取法號叫做僧稠。僧稠少時體質較弱，後發憤習武，練得拳捷驍勇，體輕身靈。他理解極快，學佛成績卓著，被佛陀讚爲「蔥嶺以東，禪學之最！」

佛陀禪師教兩個弟子如何坐禪入定，日後二人都卓然有成，而少林寺之名，從此更令人爲之津津樂道了。

## 少林

武林的泰山北斗，少林武功更是博大精深，藏經閣內收集了三十六路拳腳十八般兵器各式各樣的武學秘笈，易筋經、洗髓經更是少林的鎮山之寶。除此之外，少林木馬巷內的棍陣令武林人士聞之色變，據傳至今還無人能闖過。據史載和傳說，隋末唐初十三棍僧救秦王，緊那羅變形退紅巾。少林寺僧兵為國立功最為人樂道的是在明朝，也是少林武術發展鼎盛時期。嘉靖年間，倭寇騷擾我國東南沿海，少林寺僧兵多次應詔出征，威猛驍勇，為國捐軀。朝廷為嘉其義烈，在少林寺山門前立旗旌表，遺石尚在，塔林有銘可考。

# 通達五明，巧奪造化

化人問幻士，谷響答泉聲，欲達吾宗旨，泥牛水上行。

——永明禪師

南北朝時，北魏有個天竺僧人，名叫勒那漫提，住在洛陽的永寧寺，通達五明之學，文字、算術、藥毒、幻術、建築、農作、十八種工巧，無不通曉。

信州刺史慕母懷文，生來就很聰明，什麼學問都懂得，尤其是在建築、工程方面，更是他的專長。每逢修建宮廷樓閣，都會請他擔任工程師。因此朝廷派他去主持修繕勒那漫提所住的永寧寺。

慕母懷文對勒那漫提早已仰慕許久，這次趁著修繕永寧寺的機會，想去結識勒那漫提，所以時常親近他、供養他，希望能得到他的器重。可是在勒那漫提的眼裏，慕母懷文不過是泛泛之輩，根本沒有把他放在眼裏，慕母懷文的心中難免有點不舒服。

當時，洛南玄武館來了一個外國人，叫做蠕蠕，與勒那漫提是老朋友了。他經常穿著一件皮袍，騎上馬匹，跑到永寧寺跟勒那漫提聊天。他們一見面，就非常親密，每次都好像有說不完的話。慕母懷文看在眼裏，不免泛起一絲醋意。

　　一天，慕母懷文對勒那漫提說：「弟子是個喜歡研究佛學的人，近來親近師父，希望師父能夠指點一二，但是師父並沒有一言半語；而那個客人不過是北方的狄人，披髮左衽，殺生食肉，簡直是人面獸心，有什麼了不起的呢？誰成想師父竟會分做兩種看法，厚於彼而薄於此，弟子著實難以理解！」

　　勒那漫提說：「你可不要看輕了他，雖然你讀破萬卷書，恐怕還是比不上他！」慕母懷文不服氣地說：「他懂得什麼？我要跟他比比，若是贏了我，我願意輸他一匹馬。」勒那漫提說：「那麼，你又懂得什麼呢？」慕母懷文洋洋自得地說：「算術這方面不消說了，只要我望望山，看看水，就知道山有多高，水有多深；其他如築牆、造窯，需用多少材料，經我一計算，保證一點差錯也沒有，這就是弟子的長處。」勒那漫提笑了笑說：「這些不過是小孩子的把戲罷了！你看庭前的那棵棗樹，你知道它結多少顆棗子嗎？」此時正當七月天氣，棗子已經長成了。慕母懷文聽後，不以為然地說：「數學家必須憑藉勾股標準、三角幾何之類的東西，師父所指的棗樹，屬於草木之類，並沒有可以用來推測的形兆，師父這樣說，未免有點外行了。」勒那漫提看了他一眼，便指著剛剛踏入寺門的蠕蠕說：「他一定會知道的。」慕母懷文很生氣地說：「我不相信！假如他曉得的話，我願意跟他立約，賭一匹馬好嗎？」

　　蠕蠕來到近前，勒那漫提便把打賭這件事告訴了蠕蠕，蠕蠕笑了笑便答應了下來。慕母懷文補充說：「還要算出已經成核的多少個，不成核的多少個，才能算贏！」蠕蠕對他所提出的條件沒有異議。於是，比賽正式開始了。蠕蠕從腰間的皮袋裏掏出一件東西，類似秤錘模樣，穿起五色線，每條線貫串著白

色的珠子。蠕蠕用這件東西來度量棗樹，只見他或上或下，或正中，或兩邊，一面抽線，一面用眼睛四下打量。過了一會兒，才向勒那漫提點了點頭，笑著說：「有核的若干個，核壞的若干個，合計有若干個，你們試試看！」於是寺裏的人將棗子通通打下來，逐顆檢查。慕母懷文也親自解剖，當場查驗，結果與蠕蠕所預算的，絲毫不差。慕母懷文深爲嘆服，急忙向蠕蠕道歉，蠕蠕沒有作聲，牽過馬匹，揚長而去。

勒那漫提說：「這樣還不算什麼，現今洛下的人要從遠遠的地方跑到少室山砍柴，不是太辛苦嗎？我想把這座大山暫時搬到洛水邊來，讓那些砍柴的人砍足了，再送回原處，這事我可以做到，絕不困難，也不過是術數而已。可是，我若是這樣做，世人不知道的，必會誣我是個大聖人。我不敢冒認虛名，故此不幹。」可見勒那漫提還有一手奇術，只不過沒有表現出來而已。

勒那漫提在臨終之前，曾對弟子們說：「我只逗留三五天便要往別處去了。你們好好的修學正法，不要眷戀著我！」說完以後，他便走入房間，掩上

房門。當時有個弟子，悄悄地從門縫裏偷看，只見勒那漫提並沒有睡在床上，而是在虛空中躺著。他把這件事告訴了他的師兄弟，大家都來偷看。有個弟子忍不住咳了一聲，勒那漫提聽到後，立刻睡回到床上，並大聲地叫著說：「在外面站了那麼久，爲何不進來？」弟子們說：「我看見師父睡在虛空之中，故此不敢進來。」勒那漫提說：「我不過是嫌床上熱，想要涼一涼而已，不值得大驚小怪。」此事後過了幾天，勒那漫提便圓寂了。

## 佛有三身

　　法身、報身、應身。法身名自性身、法性身，此身常住不滅，為人人本具的真性。報身，是由佛智慧功德而成的，分自受用、他受用報身之別。自受用報身是佛內證法樂之身，他受用報身是佛為十地菩薩說法變現之身。應身又稱應化身、變化身，即應眾生之願之機緣而變現出來的佛身。

# 化及禽獸，注來阿鼻

云何名阿鼻地獄？阿言無，鼻言遮；阿言無，鼻言救；阿言無間，鼻言無
動；阿言極熱，鼻言極惱；阿言不閒，鼻言不住。不閒不住，名阿鼻地獄。阿
言大火，鼻言猛熱，猛火入心，名阿鼻地獄。

——《觀佛三昧海經》

懷州柏尖山寺有個釋曇詢，俗家姓楊，華陰縣人氏。他在二十二歲時，決
定遠離世俗，遊方參學。當他雲遊至白鹿山的落泉寺，遇到曇淮禪師，便皈依
了佛門。他經常去參訪僧稠禪師，僧稠對他很好，他們談起禪法來，甚為投
機。隨後，他又去鹿土谷修習禪定。他來到後，枯竭的泉水重新湧出，山上的
麋鹿成群結隊到院中來遊玩。他的弟子們認為枯泉復流，麋鹿繞院，是受師父
的道德所感召，都是祥瑞之兆。曇詢並不自滿，還要去雲門參學。

一次，曇詢因請法暫住雲門，來到一座山裏，遇著大霧迷濛，找不著道
路，正在東摸西撞的時候，忽然有一個山神給他指示路徑。曇詢在雲門參禪
時，曾經自己開闢出了一塊園地，用來種植蔬菜。有個小偷夜裏來竊取園中的
蔬菜，正想走的時候，碰上一大群野蜂，把他叮得頭虛面腫，大聲喊叫，曇詢
聽到有人呼喊，急忙走了過來，非但沒有怪罪來人，還為他悉心醫治。有一
次，一個趙國人從遠遠的地方趕來道謝說：「弟子因病而死，死後見到閻羅

王，閻羅王說我有罪，要打入地獄，正在緊急的時刻，忽然看見師父，蒙師父慈悲，爲我說個人情，閻羅王才把我放走。弟子從未見過師父，但卻得到師父的搭救，故由遠道而來，答謝師父的恩典。」

　　曇詢在山上往來，遇到老虎打架，撕咬了一天還沒有停止，他用手中的錫杖將其攔開，並走入兩虎之間說：「你們同居山林之內，本來沒有什麼冤仇，

何必要如此忿恨呢？」那兩隻老虎聽了他的勸導，便各自低頭飲氣而去。以後每逢有虎、豹、熊、羆之類在山上打架，他必去爲牠們和解。在他的一生中，入飛鳥群中，飛鳥不會走避；入野獸群中，野獸與他爲友。曇詢每次坐禪，總要入定七日，入定時，常有白虎入房做他的護法。他幽居岩穴十多年，沒有出山。隋文帝很敬重他，屢次下詔聘請他，又賜贈很多禮物，但他還是不肯下山。

　　後來曇詢患病，在他彌留之際，忽有神光照耀，香風拂扇；又飛來一隻奇異的鳥，白頸赤身，繞著院子飛舞，叫聲悲切。這隻鳥並不怕人，有時飛上房門，有時停留在曇詢的床上。當曇詢圓寂時，那異鳥悲叫得更為厲害，血淚從牠的眼中流出，牠在院子外面停留幾週才飛走。同時，又有老虎在院子繞院悲吼三日。一時間，愁雲慘霧籠罩著柏尖山寺，山崩石墜，林木折斷，澗水枯歇，全山的僧俗人等以及飛禽走獸，無不淒淒惶惶。可見聖人謝世，天地為之失色，日月為之無光，並非虛言。

## 阿鼻地獄

　　譯自梵語Avicinaraka，意為永受痛苦沒有間斷的地獄，指八大地獄中的第八獄。佛教認為，人在生前做了壞事，死後要墮入地獄，其中造「十不善業」重罪者，要在阿鼻地獄永受苦難。常用來比喻黑暗的社會和嚴酷的牢獄。又比喻無法擺脫的極其痛苦的境地。阿鼻：梵語的譯音，意譯為「無間」，即痛苦沒有間斷之意。常用來比喻黑暗的社會和嚴酷的牢獄，又比喻無法擺脫的極其痛苦的境地。出自《法華經·法師功德品》：「下至阿鼻地獄。」

# 遍種善果，嶺東第一

縱宿業深厚，不能頓斷；當方便制抑，自勸自心。

——妙葉禪師

北齊皇帝高洋的一舉一動，世人無法測度。他做了皇帝之後，就把國家大權交給僕射官楊遵彥處理，自己卻去了大興佛寺。當時北齊國內各處州郡都有僧尼的蹤跡，高洋對他們非常恭敬，每年夏、冬兩季，長期供養和佈施，他自己又努力修行，晝夜不懈。

那時有個鼎鼎大名的神僧，名叫僧稠禪師，曾對高洋說：「大檀越！你前生是羅刹王，所以今生還是好殺。」高洋聽後不大相信，僧稠就叫他去照照水，果然照見自己是一個可怕的羅刹鬼相；又照見很多羅刹鬼跟在他的背後。從此高洋就不再食肉，並且禁止打獵，把官廳派出的漁船全部收回，所有屠場以及五辛一切禁止。他自己餐餐食素，天天坐禪，有時整日不出門，只是拜佛誦經。在禮佛繞行的時候，跑得其快如風，可見他的精進了。

後來高洋又在昭玄大統法師那裏受戒。受戒的儀式特別隆重：他仿效釋迦牟尼佛昔日在燃燈佛時布髮掩泥的儀式，把自己的頭髮打散，鋪在地面，讓大統法師從他自己的頭髮上走過去。

有一次，高洋在晉陽，打發一個家人騎上橐駝去寺廟取經。家人問道：「我應該去哪一間寺廟裏取經呢？」高洋說：「出城後，任由你的橐駝四處走，走到哪裡算哪裡。」於是家人領命而去，騎上橐駝不知不覺來到一座山前。山腰有一間寺廟，寺裏的沙彌遠遠就看見

他，大聲喊道：「高洋的橐駝來了！」沙彌把那個騎橐駝的家人引去拜見一位老僧，老僧問道：「高洋做了天子，還稱職嗎？」家人答道：「他是聖明天子，對一切生靈都十分仁慈！」老僧又問：「你為什麼到這裏來？」家人說：「拜取佛經！」老僧說：「高洋在寺裏懶得讀經，讓他到北方去，在東頭給他好了！」家人回去後，把這一句話上奏給皇帝高洋。後來高洋在谷口的木井佛寺遇到一個瘋子，人們都不瞭解他說的話，他卻忽然對高洋說：「我先去了，你隨後再來吧！」說完，那個瘋子就死了，沒有幾天，高洋也在晉陽駕崩了。

## 羅刹

（梵名raksasa）佛教中指惡鬼，指食人肉之惡鬼。又做羅刹娑、羅又娑、羅乞察娑、阿落刹娑。意譯做可畏、護者、速疾鬼。女性之羅刹稱為羅刹斯（raksasi），又做羅又私。《慧琳意義》卷二十五中記載：「羅刹，此云惡鬼也。食人血肉，或飛空、或地行，捷疾可畏。」同書卷七又說：「羅刹娑，梵語也，古云羅刹，訛也（中略）乃暴惡鬼名也。男即極醜，女即甚姝美，並皆食啖於人。」此外，另有一說指羅刹乃地獄中的獄卒，職司懲罰罪人。然而於佛典中，羅刹誓願守護佛法及正法行人，往往成為佛教的守護神，而常常參與法會，隨佛聞法歡喜喜行。

# 參禪悟道，飲酒食肉

菩提本無樹，明鏡亦非台，本來無一物，何處惹塵埃。

——六祖慧能

　　北齊相州有個釋道豐，他和三個弟子住在鼓山參禪悟道，世人都稱他為有道之士。道豐生性淡泊，不求名聞利養，但對煉丹、醫藥、占卜和看相等技術，卻無不精通。齊高帝蕭道成在并州、鄴郡的時候，常常會去探訪他，並向他請教佛學。道豐才思敏捷，不假思索，隨問隨答，絕無留滯。有一次，齊高帝請他喝酒，並用蒸肉做下酒的餚饌，所有酒肉都放在他的面前，高帝頻頻勸酒、勸肉，他毫不推辭，居然大飲大嚼。齊高帝看到後大笑不止，道豐卻不做任何表白。齊高帝走了以後，道豐對弟子們說：「快把床頭的東西搬出去！」弟子們掀開床頭的被席，發現他剛才所食的東西全都在那裏，沒有絲毫咀嚼的痕跡。

　　在相州附近的石窟寺，有一個坐禪的僧人，每次在日落的時候，都會看見東方的山頂上出現一尊丈高的金色佛像。僧人暗中歡喜，以為看見了瑞相，從此天天朝著那個山頭禮拜。一次，他在房中睡覺，忽聞枕頭裏有人說：「天下何處有佛？你現在就是佛了，不要輕視了自己啊！」僧人聽了枕中人的話，以為自己真正成佛了，常在大眾面前指著自己說：「你們認識真佛嗎？泥塑的、

木刻的、紙畫的，既然不會說話，當然就沒有思想了。你們現在見到真佛，還不知禮拜！若把我當作凡夫，你們會墮地獄的。」他時常向人說這樣的話，並且喜怒無常，像瘋子一樣，寺裏的僧眾都懷疑他患了禪病。

有一天，他走到道豐那裏去，道豐問他：「兩個月以前，你是不是看見東山上有金色的佛像出現？」僧人點點頭。道豐又問：「你是不是在枕頭裏聽到有人說你是佛了？」僧人說：「確實有這麼一回事。」道豐說：「這個是風大不調，擾亂了你的心，如果不及早醫治，你就會發狂亂跑。」於是用針在他身上插了三處，病就好了。

道豐在臨終前幾日，將弟子們召集在一起說：「我居山的日子久了，你們天天要提水，上上下下地很辛苦！我沒有什麼可以酬謝你們，只有一口泉水可以給你們。有了泉水，就免卻上山、下山的辛苦，應當努力勤修道業！」說過以後，指著灶旁的山岩，果然泉水流出。

### 禪定六法

靜：緩和身心，消除緊張。
定：專注不移，一心一意。
止：擺脫雜念，頭腦休息。
觀：一心觀想，堅強意志。
覺：感覺敏銳，思緒空明。
同：無限可能，創意無限。

157

# 雌雉聽經，渡化爲人

若善男子、善女人，聞說淨土法門，心生悲喜，身毛爲豎，如拔出者，當知此人，此過去宿命已作佛道來也。

——《無量清淨平等覺經》

北齊文宣帝（西元529年～西元559年）的時候，有個叫釋僧安的大德，隱居王屋山，守戒很認眞，除了坐禪之外，便是講經，有弟子二十多人。一日，他開講《涅槃經》，正要講到經題的時候，有一隻雌雉飛入講堂，靜靜地伏在法座下，好像在聽講經的樣子。僧安講完了一回經，需要休息吃飯時，那隻雌雉也飛到外邊去找尋食物。到了晚上再次講經的時候，雌雉又依時飛回來，伏在座下。第三卷經尚未講完，雌雉就不再飛來了。那些聽經的人覺得很奇怪，就向僧安請教，僧安說：「牠現在已經生在人道中了，不來聽經有什麼奇怪呢？」

北齊後主武平四年（西元543年），僧安帶領一班弟子，前往越州修習苦行，中途路過一個村莊，他忽然對弟子們說：「哦！從前那隻雌雉，就是託生在這個村子裏！」說完之後，便帶領弟子走到一家門口。僧安高聲叫道：「雌雉！雌雉！」剛叫了兩聲，忽然有一女子從家裏走出來，就像見到舊識一樣，即時向他禮拜，高興地將他請進屋裏。女子的父母也很歡喜地招呼他們進來，

取出齋飯來做供養。僧安問她的父母說：「你家的小姐，爲什麼取名叫做雌雉呢？」女子的父母答道：「因爲她初生的時候，頭髮猶如雉毛，而且她又是個女孩，因此就叫她雌雉！」僧安聽後大笑起來。女子的父母不解地問：「大師！你如何得知她的乳名叫雌雉的呢？」僧安便把在王屋山講《涅槃經》，有隻雌雉天天飛來聽經的一段因緣，從頭到尾說了一遍。雌雉聽到自己來歷，大受感動，忽然大哭起來，請求父母准許她出家。她的父母是通情達理的人，隨即就答應了下來。僧安在她的家裏逗留了一段時期，爲雌雉講解《涅槃經》，雌雉聽了以後，立刻就能領悟，並且一句也不會遺漏。當講到第三卷時，她不但沒有記憶，連聽也無法聽懂了。

## 往生

去娑婆世界往彌陀如來之極樂淨土，謂之往，化生於彼土蓮花中，謂之生。往生之言雖通於諸受生，而諸教所勸之行，偏在極樂，故常以爲對於極樂之別名，是淨土門之至要骨目也。法華經藥草喻品曰：「即往安樂世界阿彌陀佛大菩薩衆圍繞住處，生蓮花中寶座之上。」無量壽經下曰：「諸有衆生聞其名號，信心歡喜，乃至一念至心迴向，願生彼國。即得往生住不退轉。」觀無量壽經曰：「願生彼國者，發三種心，即便往生。」

# 忘懷萬物，無心誦經

象駕崢嶸謾進途，誰雲螳臂能拒轍。大象不游於兔徑，大悟不拘於小節。

——永嘉大師

北齊時，太原有個釋慧寶，記憶力驚人，能背誦出兩百多卷佛經，許多佛教的老前輩都很看得起他。

北齊武平三年（西元542年），慧寶從并州出發，經過鄴郡，前往艾陵川。他在中途走錯了路，困在深山之中，夜晚就睡在山岩下。那個山岩好像有人居住過，但又看不見人影。慧寶仰起頭來，發現岩上有棵松樹，松樹的橫枝上掛著一個磬，離地約有一丈多高。

當天晚上，約莫二更時分，有一個僧人身著草衣，從外面

走進來，邊走邊說：「為什麼這裏有俗人的氣味呢？」慧寶立刻站起來和他行禮。那個山僧問：「如今是何人統治國事？」慧寶回答說：「現在的皇帝姓高，國號是齊國。未知尊者在此居住有多少時日？」山僧說：「我是從後漢時來到這裏的，不知你持誦的是什麼經？」慧寶以為自己會誦的經典有兩百多卷，心裏有些洋洋自得。山僧笑道：「修道之人，不該如此。我也會誦經，不知你喜歡聽什麼經？」慧寶說：「誦《華嚴經》吧！」山僧立刻誦起《華嚴經》來，他的聲韻悠揚，如同天籟之音；《華嚴經》誦完，慧寶又請他誦其他的經典，也是誦得同樣清脆。慧寶驚嘆道：「這樣大部的經文，怎會誦得一字不漏呢？」山僧回答說：「你是有心誦經，我是無心誦經。凡是忘懷於萬物的便是物我無間。」慧寶知道他是一位聖神，於是懇求他長期住世，山僧說：「國家以名聞利養對你，你怎能自安？況且你的情累未盡，住此亦無益處。」到了天亮，那個人就離開了。

## 大乘佛教和小乘佛教

　　大乘佛教產生於西元一世紀前後。該派認為修行者單單是為了求得自我解脫是不夠的，應該修持成佛，普渡眾生，讓更多的人脫離苦海。該派自稱能運載無量眾生從生死大河之此岸達到菩提涅槃之彼岸，成就佛果。而把只求自我解脫的原始佛教和部派貶為佛教「小乘」。「乘」是「乘載」或「道路」的意思。

# 猴子能言，錫杖降魔

　　凡聞惡聲，則念阿彌陀佛以消禳之，願一切人不為惡行；凡見善事，則念
阿彌陀佛以贊助之，願一切人皆為善行；無事則默念阿彌陀佛，常在目前，便
念念不忘；能如此者，其於淨土決定往生。

——宋·王日休居士

　　慧主禪師是始州永歸縣人氏，俗家姓賈，六歲的時候皈依斌法師。他生來
就特別聰明，深受斌法師的器重，斌法師教他誦念《遺教經》，只用了一晚的
時間，他就能夠倒背如流。他曾拿著一本經書請求斌法師講解，斌法師講得不
大圓滿，不能滿足他的求知欲，於是便去投靠姜律師，跟姜律師學習律宗。律
師每次講經講過一遍，他就能牢記在心，好像從前學過一樣。他的學問從此大
有長進，自州刺史以下，所有道俗人等，都來向他請教疑難問題。

　　有一次，他夢見天昏地暗，伸手不見五指，如此連續三日三夜，才豁然開
朗，醒來之後，渾身流汗不止。此事剛過一百天，就發生了周武帝毀佛滅僧的
慘劇，他這才覺悟到夢中的預兆。於是便返回自己的故鄉，可是他又不願意還
俗，只好躲進南山裏，每天以松葉為食。他在南山坐禪修行的過程中，山神時
常會給他送來茯苓和甘松香，神龍和飛禽還會帶很多異香來供養他，因此他就
更加精勤，晝夜不休地誦經拜佛。當他誦經拜佛時，山上的飛禽走獸都來和他

一起誦經拜佛，有些鬼神也求他授菩薩戒。一天，他的住處來了許多猴子，牠們也要跟他修行，慧主說：「你們的性情煩躁，整天跳動不停，沒有一刻是安靜的，怎麼能學佛呢？」怎曉得那些猴子居然會說話，牠們七嘴八舌地說道：「我們雖然和你不是同類，但佛法是平等的，為什麼不可以學佛呢？」慧主聽後，非常驚奇，最後將牠們收在座下。後來有八個手執弓箭的人上山砍柴，慧主看見有人發現了他，未免恐慌，那八個人安慰他說：「師父！不要害怕，聖君已經出世了，現在是隋朝開皇年間（約西元581年～西元600年），佛法又將興盛了。」慧主得到這個喜訊，馬上啟程下山，在大業年間（西元605～西元617年），奉旨返回始州的香林寺。

唐朝初年，陵陽公到益州來，他從小就不信佛教，更不知道尊重佛門聖地，他派人將一百隻馱獸放在寺廟裏，搞得佛殿和僧房混亂不堪，一片狼籍。這時慧主從田莊回來，看見這個情形，立即走入僧房，取出錫杖，大聲說道：「要死要活，決定在今朝，我為維持佛教道場，和你拼命去！」說完，舉起錫杖，不問青紅皂白，便向那些馱獸身上打去，剎那間一百隻馱獸驚惶四散，逃得無影無蹤。這事情很

快就傳到州縣裏，州縣的官員嚇得渾身發抖，他們把慧主捉住，親自押到陵陽公面前請罪，誰知一向兇惡無比的陵陽公，竟然一反常態。他看到慧主，不但不敢將他問罪，反而親自為他解開繩索，恭恭敬敬地賠禮道歉，並且致書慧主說：「從那時起，我一直被惡鬼纏身，連續病了好幾次，幸而夢見禪師到來，為我打破慳貪之罪，才得痊癒。今奉上沉香十斤、綢緞十匹，敬請笑納，聊表謝忱。」後來陵陽公又求慧主禪師為他授菩薩戒。

貞觀三年（西元629年），慧主和有明禪師合力興建一間寺廟。一次，有明禪師獨自一人在寺裏靜坐，只看見自己的半個身子，他對弟子說：「我與慧主律師共同建築這一間寺廟，兩人同心同德，為什麼我看見自己失去了半個身子呢？難道他要先我而去嗎？」到了第二天開飯的時候，有人來說：「你們舉行法會嗎？我看見有四路客僧，大約有數千人，到你們寺廟來了！」其實寺廟裏並沒有什麼人來過，原來慧主律師就在這個時候圓寂的，享壽八十九歲。

> 漢傳佛教的八大名寺：（1）白馬寺，位於洛陽城東。（2）靈隱寺，位於杭州西湖。（3）少林寺，位於河南鄭州市登封縣城西北。（4）寒山寺，位於蘇州楓橋鎮。（5）隆興寺，位於河北省定縣。（6）清靜寺，位於福建省泉州。（7）相國寺，位於河南省開封寺內。（8）臥佛寺，位於北京市海澱區西山壽安山南麓。

# 參透《周易》，傾心《華嚴》

平生本胡越，關吳各異津；聯翩一傾蓋，便作法城親。清談解煩累，愁眉始得申；今朝忽分手，恨失眼中人。子向涇河道，慧業日當新；我住刊江側，終為松下塵。沉浮從此隔，無復更來因；此別終天別，迸淚忽沾巾。

——曉禪師

南北朝時有個擅長《周易》的和尚，他出生在一個世代書香門第，從小就很聰明，父母對其十分寵愛。在他十三歲時，開始和他的舅舅權會學習《周易》。權會是齊國的大夫，學問精深，尤其擅長《周易》，他見外甥如此聰明，於是將自己所學的全部傾囊相授。有一天，附近有一個老太太遺失了一件東西，請他的外甥占算，他的外甥按照八卦的推算方法，先用時間，再用方位，然後用人名，最後用書寫出來的文字，按照天干地支，求出一個數字；再向乾、坎、震、巽、艮、離、坤、兌的八卦中，求出兩個卦象，求出變爻，然後參考《周易》的經文以及繫辭，按合事實推論，不但算出遺失東西的下落，連拾到者的姓名、住址，也都算了出來。在場的老太太和圍觀的人，個個嘆服，認為他是個神算子。

他對孔子、老聃等諸子百家的書籍，無不涉獵，深入堂奧，直到無書可讀，還是不大滿足，於是轉而研讀佛經。一接觸佛經，便發現經中的事理圓

融，博大精深，因此就慕道出家，取法號爲曇遷。

曇遷出家後，用全部精力研究《華嚴經》，後來又研究唯識論。有一次他患了心熱病，求了許多良醫都無法治癒，只得虔求三寶加被。一天晚上，他夢見月亮落入懷中，他把月亮拿來當燒餅吃，月亮脆如冰片，帶著一股奇特香美的味道。他一覺醒來，那股香氣還久久沒有消散，心熱病也不治而癒了。

北周武帝毀佛滅僧的時候，他逃往江南，在桂州蔣刺史的家中得到一部《攝大乘論》，他高興得好像得到一顆如意寶珠似的。不久，北周滅亡了，佛法又重新復興起來，他很想回到北方去弘揚佛法。曇遷上船的時候，途中忽然

風浪四起，波濤洶湧，直到很久風仍不平息，衆人正在無計可施的時候，曇遷不慌不忙地捧著他平日最喜歡的《攝大乘論》，口裏禱告道：「如今我要用這個大法，啓悟北土衆生，倘若北土衆生無緣接受佛法，也是命運。如果他們該當接受佛法，請即停息風波。」禱告完畢，果然風浪停止了。有人說：「這是當地的護法神故意挽留他的。」曇遷到了京師，住在大興善寺，當時朝廷上下都非常敬重他，

隋文帝也稱讚他是釋門的棟樑、法門的龍象。

隋朝開皇十年（西元590年），有一天，隋文帝與曇遷同榻而眠，閒談之際，談到僧人剃度問題，當時人們想出家要經過政府的許可，否則不能私自剃度。曇遷認為時機已到，便向隋文帝說：「自周武滅法以來，很多僧人被迫還俗，其中有些僧人私自出家，也不敢公然表明身分，這樣的僧人，生活痛苦無窮，殊堪憐憫。」隋文帝聽後，深有感觸。不久，皇帝下詔說：「截自開皇十年四月前，凡是私自剃度的，一律准許出家。」這個命令一下來，全國剃度出家的僧人就有數十萬之多，這都是仰仗曇遷一言之力所致。

到了大業三年（西元607年），曇遷禪師離開了人間，世壽六十六歲。在停棺的那一天，有一隻不知從何處來的白狗，不管人們怎樣攔截，牠總是不肯離去，一直守護在棺木旁邊。看見人們哭泣，牠也不住地哀鳴。有人給牠食物，牠也不肯吃。出葬那一天，白狗在後面跟隨，前前後後，寸步不離。喪事辦完了，牠就不知去向了，沒有人曉得牠是什麼因緣而來。

> 佛教史上的「三武一宗」：佛教史上有三武一宗之厄，稱為「法難」。「三武滅佛」又稱「三武之禍」，指的是北魏太武帝滅佛、北周武帝滅佛、唐武宗滅佛這三次事件的合稱。這些在位者的諡號或廟號都帶有個武字。若加上後周世宗時的滅佛則合稱為「三武一宗」。

# 定水澄清，千里救難

行深般若波羅蜜多時，照見五蘊皆空，渡一切苦厄。

——《心經》

北周京城的大追遠寺有個釋僧實，俗家姓程，咸陽靈武人氏，從小就溫文爾雅，人格清高。北魏孝文帝太和（西元477年～西元499年）末年，他從京師前往洛陽，認識了勒那三藏法師。法師教他坐禪方法，他對於戒、定、慧三學，雖然完全通曉，但是他修學的法門偏重於九次第定，以九次第定來調伏身心，因此他得到定水澄清，於禪門中是一位傑出的人物。從此他就在北方弘法，皈依的人漸漸地越來越多。

有一天中午，大家都在睡午覺，他忽然跑到樓上，拼命地敲鐘，鐘聲響得很急促，全寺的僧人都跑出房來。大師告訴眾僧人說：「趕快焚香！趕快到佛堂集合！」僧眾齊集在大殿裏，大師說：「各位！請誠心念觀世音菩薩聖號，以解救江南梁國寺的危難！梁國寺的講堂快要垮了，恐怕死人無數！」於是寺裏的眾僧，齊聲誦念觀世音菩薩的聖號。此時，梁國寺的講堂正在進行佛法講演，聽眾數百人，舉座皆滿。他們聽經正入神的時候，忽然西北方吹來一陣異香，香煙繚繞。虛空之中，又有誦經念佛的聲音，接著又有一大片紅雲從講堂的北門湧了進來，直向南門而去，這時全堂聽眾以及講經的人，有的連鞋子都

沒來得及穿上，就一窩蜂地跟著跑了出去。大家剛離開講堂，忽然聽到轟隆一聲，整座講堂都垮了下來，所有聽眾都幸運地脫離了險難。

有人將這件事上奏給了朝廷，南朝的皇帝派人四處去調查，才知道是遠隔千里的僧實大師，率領僧眾念佛迴向所致。皇帝仰慕他的道德，曾經三次派人給大師送來禮物，其中有珍寶、樹皮衲、三衣和機拂子，大師只收下樹皮衲、三衣和機拂子，其餘各物分給各人。大師在八十八歲時圓寂於大逍遠寺，南北朝野的人們無不哀悼，真是天地為之失色，日月為之無光。現在他的墳墓還在大逍遠寺的後苑。

## 所謂「行深」

就是禪定、深定。觀自在菩薩在禪定中發現，當五蘊皆空——也就是「無我」的時候，一切的煩惱與痛苦就解脫了，觀自在菩薩就是在定中得到這個清淨的大智慧而證得大自在成就。

# 三衣一缽，至誠動天

一切諸佛身，唯是一法身，一心一智慧，力無畏亦然。

——《華嚴經》

古時候，刻苦求道的高僧隨處可見，釋普安就是其中的一個。他俗家姓郭，雍州之北的涇陽地方人氏，隱居在終南山的梗梓谷。平日裏，除了專修禪定以外，還兼誦《華嚴經》，到老都沒有怠懈過。他天性淡泊，很少涉足鬧市，常常獨自一人在山林荒野之間修道，在深山荒險處往來，從來不躲避虎豹，人們都說他是一個不顧死活的苦行頭陀。

有一次，他想把自己的身體施捨給禽獸吃，於是就走到山林裏躺在地上靜靜地等候。不久，果然有虎豹到來，看見他躺在地上，只是嗅了一下，便跑開了。他見虎豹不吃自己，就生氣地說：「難道我的肉是臭的嗎？」

當時正遇到北周武帝毀佛滅僧，許多高僧都逃到了終南山。普安招請三十多個僧人到山谷裏，自己整日去行乞，把乞得的東西供養給那些落難的僧人。普安在行乞的路上，曾多次被官兵發現，押入大牢，但他每次都能奇蹟般逃脫。當時有一個藹法師在義谷的杜映世家中避難，杜映世將藹法師藏在地窖裏。普安從牢獄裏出來之後，也來到杜映世的家中，在那裏遇見了藹法師，法

師說：「安公！你雖然對於佛理沒有做過更深的研究，但是你的心願早已超出一般人之上，並且你還具有一種大無畏的精神，這一點沒有人比得上你。」普安說：「哦！我之所以脫離險難，只是憑藉《華嚴經》的力量而已！」

後來，隋文帝大興佛教，四處召請僧人，從前逃往終南山梗梓谷的三十多個僧人，又返回寺廟裏居住。只有普安沒有去，他喜歡住在山中，又習慣了山野的生活，所以留在了山上。有時，普安也會到人多的地方去，做些有利於眾生的事情，但是他始終願做一個山野之人，不喜歡繁華的城鎮。

有人在子午谷和虎林谷交界的澗邊，開鑿了一間石室，蓋搭草庵，招請普安去住。普安來到石室，看見石室上方有一塊大石頭，人們想把它掘去，卻無計可施，普安心裏默念道：「石頭呀！你移往別處去吧！不要把石室弄壞啊！」說來奇怪，他的心裏只是這樣想，那塊石頭真的滾下山去，當時的人都覺得很奇怪，都說普安的感應不可思議。普安說：「這個也是《華嚴經》的力量呀！有什麼值得奇怪的呢？」

在石室的東邊，居住著一個叫做索陀的人，原來做過強盜，為害鄉村，橫行無忌，十分憎恨普安來到這裏，時時

想要殺死他。有一天，索陀帶著三個凶徒，手執弓箭，腰挎大刀，個個捋高手臂，拽滿弓弦，瞄準普安，正想要放箭，可是弓弦一放，箭就像黏在了弦上一樣，無法射出去。索陀的雙手向前伸張，無法收回，他睜眉凸眼，張著嘴巴說不出話來，就地站著，想走也走不動，如此經過一日一夜。索陀的同夥嚇得立刻向普安跪地頂禮，既懺悔又皈依，請求普安解救他。普安說：「我跟他素不相識，怎曉得他要射死我。這是護法神用定身法定住了他，不關我事，大概還是《華嚴經》的力量吧！想要解除他的痛苦，務須先行懺悔。」那些人就教索陀懺悔，果然行動如常。在普安住的石室西邊，有一個鄉村叫做魏村，村中有個張暉，這個人一向兇狠毒辣，不務正業，以偷盜為生。在一天晚上，他悄悄地爬進普安的石室，偷取佛油五斗，背在肩上。他剛走出石室門口，突然覺得昏昏沈沈，好像被人縛住的樣子，一動也不能動，一直撐到天亮，還是無法走動。魏村的村民聽到這件事，前來拜見普安，請求大師解救他。普安說：「他偷佛油的事我根本不知道，他逃不出來，料想又是《華嚴經》的力量了！」於是普安又叫他懺悔，張暉懺悔過之後便可走動，放回偷取的油，背著空油瓶返回家去。石室南方有一個人叫做張卿，來偷普安的錢，並將錢藏入袖子裏，一路走回家。怎曉得到了家門口，他突然變得不會說話了。村人又叫他拜求普安，向普安懺悔之後，把錢送回石室，才會開口說話。

有一個鄉村叫做程郭村，村中有個叫程暉和的人和普安十分投緣，兩人經常在一起談論佛法。一天，程暉和患病死了，死後兩天，屍體還停放在地上，正要將他收殮的時候，普安從鄠縣回來了，在離程郭村還有五里遠近的地方，他就叫喊了起來：「程暉和呀！程暉和！為什麼不來接我？」他一連叫了好幾

聲，路邊的人對他說：「程暉和死去好幾天了，怎麼可能來迎接你呢？」普安說：「你說鬼話，程暉和沒有死！我不相信。」於是普安走到程郭村來，在門外高聲叫著：「程暉和！程暉和！」說來眞是奇怪，停放在地上的屍體居然轉動了，鄰人把他壽衣帶子剪斷，他還是轉動著。普安走進屋裏，念了幾聲法號，程暉和居然坐起來，爬到普安的面前。普安讓他的親屬將喪具拿走，放下一個竹簍，當作佛座，叫程暉和繞著竹簍旋轉幾次，好像繞佛一樣，從此程暉和便死裏逃生，多享世壽二十年。二十年後患了重病，來找普安，普安說：「這次我救不了你了，平日裏你只知遊蕩，不肯修道，我有什麼辦法呢？」結果程暉和就這樣死了。

普安舉辦一個建福會，會中常有很多感應。有一位住在白村的老太太，是建福會的會員，當初她病到口不能言，在生命垂危之際，兒女們請來了普安。普安來到家裏，老太太一看見他，竟然張口說出話來，病也立刻好了來。普安的大名更是遠近皆知，四處的村民集合起來辦一次大齋會來供養普安。

大坊村有個村民叫做田遺生，家徒四壁，無法謀生。田遺生的妻子只穿著一塊爛布，僅能遮到膝蓋；他的女兒，赤身露體，一絲不掛。田遺生的大女兒名叫華嚴，已經二十歲了，想把她僅有的這兩尺粗布拿去佈施。普安聽到這件事，就帶領村民來到田遺生的門口，想慰問他的家裏，可是看他們窮到這個田地，又不好意思進去。他的大女兒心想：「因爲家道貧窮而無法參加他們的建福會，如果今生不修福，來世就更加窮苦。」於是她就在家中四處找尋東西，想做佈施之用，可是找了一整天都沒有找到，急得仰面大哭起來。忽然發現屋

簷上有一把稻草，它是用來塞堵漏洞的，華嚴把稻草拿下來，抖了抖，抖出十粒穀子，把穀子剝去殼，湊成十粒粗米，連那兩尺粗布，打算一起拿去參加建福會。她沒有衣服穿，白天無法出門，只好等到夜晚，像狗一樣爬到建福會。她先把十粒稻米包好，連粗布兩尺，放到建福會主事人的面前，並且說明是來炊飯供眾用的。她發願說：「小女子家裏貧窮，是因為過去生中造下慳貪之業，現在我盡將窮人僅有的兩尺粗布和十粒米，隨力佈施，望得來生福報。」她說過以後，又發願說：「我以這十粒米，投入飯甑之中，如果我的至誠心能夠感應到消除罪業，願所炊的飯全數變成黃色；若是絕無感應，便是我的苦命該當如是了！」她發完願，便一路哭著回家了。第二天，建福會的飯甑中，所有五石米飯，全部都變成了黃金色，會裏的人大為驚奇，認為這是田遺生的大女兒所發的願力所致。於是，就將大齋會剩下的十斛米，全部賙濟給了田遺生；又做好一套衣服，送給大小姐田華嚴。後來普安又把她送往京師的廟裏，渡她出家為尼，田華嚴的佛學和領悟程度，天天進步，慢慢地變得遠近聞名了。

普安住的地方雖然偏僻，但他慈憫眾生，救濟貧困，皈依的人不可勝數。在當地每年要舉辦兩次主祭，四處鄉村大多數都是殺生來做社祭，普安四處去救贖那些生靈，勸人修善，減少殺業，村民們受他的感化大多都戒殺從善了。

一次村民拜社，在石室附近捆起三隻大豬，將要屠殺的時候，被普安知道了，便拿錢去贖豬。村民恐怕殺豬不成，沒有東西做社祭，就把豬價抬得很高，要十千錢才肯交易。普安說：「貧僧僅有三千錢，已經比市價多出了十

倍，還是賣給我吧！」村民還是不肯同意，同時還表現得很憤怒。這時普安拿起殺豬的刀割下自己的一塊肉來，對村民說：「我的肉跟豬的肉一樣，豬食的是糞穢，你們尚且要食，何況人所食是米飯，照理來說，不是更加貴重嗎？」村民看見普安割肉，又被他的話感動，於是就把豬放開了。豬被放開後，走到普安的身旁，繞行三匝，又用鼻子輕輕地拱了一下普安，表示感激。從此，方圓五十里內，人們社祭時不再殺雞、殺豬了。

　　釋普安的一生，至誠感人，愛誦讀《華嚴經》，自家所需要的只是一缽三衣，且越老越為刻苦。在隋朝開皇八年(西元588年)，隋文帝召他入京，聘為太子的老師；文帝的公主建築靜法寺，又聘他做該寺的住持，雖然身在皇宮，仍舊好像棲身岩穴。在隋煬帝大業五年（西元609年）十一月初五，圓寂於靜法寺，享年八十歲。

## 「卍」字

　　是佛的三十二種大人相之一。據《長阿含經》說，它是第十六種大人相，位在佛的胸前。又在《大薩遮尼乾子所說經》卷六，說是釋迦世尊的第八十種好相，位於胸前。在《十地經論》第十二卷說，釋迦菩薩在未成佛時，胸臆間即有功德莊嚴金剛卍字相。這就是一般所說的胸臆功德相。但是在《方廣大莊嚴經》卷三，說佛的頭髮也有五個卍字相。在《有部毗奈耶雜事》第二十九卷，說佛的腰間也有卍字相。「卍」僅是符號，而不是文字。它是表示吉祥無比，稱為吉祥海雲，又稱吉祥喜旋。因此，在《大般若經》第三百八十一卷說：佛的手足及胸臆之前都有吉祥喜旋，以表佛的功德。

# 第四章

## 隋唐兩宋
## 八宗分派，禪淨爭鋒

# 天雨銅錢，鐵錞浮出

六欲諸天來供養，天花亂墜遍虛空。

—— 《心地觀經‧序分》

　　僧淵禪師，俗家姓李，廣漢郪人，出生在四川省最有名的大富人家。在他降生的那一天，天空中掉下許多銅錢，將家裏處處都堆滿了；裝米的倉庫原本只有半倉米，忽然變得滿倉都是，鄰里親朋都讚嘆這個孩子是命中帶來的福報。僧淵從小就與眾不同，走起路來十分莊重；盤坐時就像一口大鐘，寂然不動。他臉色紅潤呈赤銅色，說起話來，聲音響亮，震動山谷；雙眼明亮如朗星。在他十八歲那年，得到父親的許可，在城西的康興寺出家，後來又到京師去學習坐禪，一直到周武帝滅法的時候，才返回四川。

　　隋文帝統一天下，佛教再次大興，他便四處化緣準備建築寺廟，並親自率領大批工人，砍下樹木，劃出一塊地準備做地基。不料大雨傾盆，一連下了兩個月，地基變成了爛泥漿，寸步難行。僧淵心急如焚，手執香爐站在雨中，望著天空祈禱，他的誠心感動上天，頓時風停雨歇。在陽光的照耀下，地基漸漸地乾爽起來，僧淵負責建築了好幾間寺廟。僧淵是復興佛教的一位功臣，同時又喜歡做善事，見到貧窮孤苦的人，他往往傾其所有，盡行施捨。

有一次河水氾濫，水流湍急，以致交通斷絕，河上沒有橋樑可以來往，只能乘坐小船，因此常常會發生舟覆人亡的慘劇。僧淵決定在南岸架設一座飛橋，可是沒有橋鐏，飛橋無法建成。後來他探聽到從前諸葛亮建造七星橋的時候，曾經鑄好三個大鐵鐏，只是已經沉入

了水底。僧淵便祈求這些鐵鐏能夠浮出水面，為人造福。在將要安放橋柱的時候，僧淵焚香禮拜、虔誠祈禱，過了一盞茶的工夫，那三個大鐵鐏果然自動浮出了水面，好像要幫助他豎立橋柱似的。等到飛橋造好後，那三個大鐵鐏又自動沉入水中，當時的人都說：「僧淵修橋鋪路，有不可思議的感應。」

## 隋文帝楊堅中興佛教

自從北周武帝滅佛後，佛教元氣大傷，由於北周武帝毀佛，百萬的僧尼被迫還俗，無數的經、像、寺院遭受毀損，繼北魏太武帝的法難之後，佛教再次遭受到空前的浩劫，直到了隋文帝與煬帝的積極奉佛，佛教才獲得中興與發展。隋文帝登基後，大興佛教，隋唐佛教為之一盛，歷史上稱為黃金時代。他在位二十年中，「君子咸樂其生，小人各安其業，人物殷阜，朝野歡娛。」十足表現了佛教天子大恩德。

# 拋卻萬貫，削髮竹林

達宿緣之自致，了萬境之如空，而成敗利鈍，興味蕭然矣！

——蓮池大師

康居國有個珠寶商人，性情貪婪，唯利是圖。他常年往來於四川和漢口之間，經過數年的奔波，積攢了十萬貫金錢。他沿途做生意，來到了梓州的牛頭山，山上有個叫僧達的佛門大德，時時講演佛法。商人也去聆聽教化，聽了幾次之後，頓時覺得金銀財寶是人生的大累，害得自己往來奔走，身心不得安

寧。於是便把帶來的金銀財寶全部拋入江中，投往灌口竹林寺出家，法名為道仙。

道仙在落髮時，對大眾誓願說：「我道仙若不得道，誓不出山。」從此以後，他獨自一人在山林修行，與木石同居，與麋鹿做朋友，很少與人言語，漸漸便會入定，一坐就是五天。如果有人來拜訪他，訪客一到門外，他就會事先知道，便會出來招呼；若是沒有人來，他只是端坐靜室，一動也不動。有些時候，他會預先告

訴寺裏的僧人說明天有客來，有多少人，是怎樣相貌，穿著什麼衣服。到了第二天，果然有客來訪，來的人數、相貌和衣服，無不相符。

有一次天大旱，灌口山附近的居民個個都愁容滿面，無計可施。他們聽說道仙法師無遠弗屆，於是前來請他設法求雨。道仙點了點頭，來到一個叫「龍穴」深洞前，用禪杖敲了敲洞口說：「龍呀龍！你睡著了嗎？快點起來降雨吧！」龍聽到了他的吩咐，立即騰空而起，天空頓時烏雲密佈，大雨傾盆而下，枯萎的禾苗全都活了過來，這一年五穀豐登，萬民安樂。當地的百姓對他感恩戴德，將他當作天神一樣地尊重。

當時蜀王楊秀鎮守在岷山與洛水之間，聽得法師的大名，屢次派人去請，道仙卻始終不肯出山。楊秀惱羞成怒，親自率領人馬來到灌口山，打算給法師一點顏色看看。

道仙法師早就曉得楊秀要來，根本沒把這件事放在心上。他披上大紅袈裟，像往常一樣在禪堂端坐誦經。楊秀帶領人馬剛剛來到山腳，忽然狂風大作，電閃雷鳴，大雨夾雜著冰雹傾盆而下。剎那間山洪爆發，洪水洶湧而至，楊秀的兵馬無藏身之地，倉惶萬狀。在臨近死亡的邊緣，楊秀才覺悟到自己的罪業深重。他面向竹林寺跪下，誠心懺悔，接連叩了好幾十個響頭，這時一切都停止了，依舊是豔陽高照。剛才發生的一切，就像根本沒有發生過一樣，沒有絲毫下雨的痕跡。楊秀步行上山，向著道仙法師跪地頂禮，竭誠懺悔。道仙為他開示佛法，使他發起善心，保護佛教。

181

　　蜀王楊秀將道仙法師迎往成都，供養在靜眾寺。整個成都的百姓都到靜眾寺來向他頂禮，蜀王秀也尊稱他為仙闍梨。到了隋朝開皇年間，他才返回竹林寺。在他一百多歲時，端坐而逝，無疾而終。

　　白居易是偉大的詩人，開創了「新樂府體」詩風；他是偉大的政治家，風骨錚然，為民造福，體恤百姓，多有建樹；做為佛弟子，他是虔誠的，他皈依受戒，持齋放生，修建香山寺，開龍門八節灘，一心皈命佛門，用文學的生花妙筆來闡發佛學的清淨奧諦是白居易晚年的理想，他說：「願以今生世俗文字放言綺語之因，轉為將來世世讚佛乘轉法輪之緣。」香山居士是一切佛弟子的榜樣，更是知識分子的楷模。

# 各自生養，能見業影

以人食羊，羊死為人，如是乃至十生之類，死死生生，互來相噉，惡業俱生，窮未來際，汝負我命，我還汝債，以是因緣，經百千劫，常在生死。

——《楞嚴經》

能見業影的道舜禪師，住在澤州的羊頭山，這個山原是史前神農氏嚐百草的地方。他在羊頭山上搭起一間茅屋居住，每日只吃一餐，剩餘的時間便參禪入定，因此他的道業越加昇華。蛇、鼠都被他感化，和他住在一起，各自生養，互不侵犯。山中的老虎也常常蹲踞在他的左右，聽他講解佛經；倘若有人要來，老虎便乖乖地避開，沒有他的命令就不敢出現。

道舜穿著破爛僧衣，不分晝夜，常常獨自一個人在叢林郊野行走，那些野獸都成了他的侍者。隋朝開皇（西元581年～西元600年）初年，道舜禪師突然決定下山去遊化人間，為村民說法授戒。一日，禪師走在街上，有一個年輕貌美的女子，跟隨大家前來求戒，禪師看了看她，臉色露出了遲疑不決的表情，踟躕了片刻才說：「妳啊！來生會做牛，既然畜生相已經註定了，我給妳授戒也是徒勞無補的。」圍觀的人聽了，個個都目瞪口呆，有的嘖嘖稱奇，有的以為禪師在恫嚇她，也有的以為是妖言惑眾，甚至有人還想把禪師扭送到衙門裏去。禪師對眾人說：「你們的眼睛是看不出來的，如果不相信的話，你們可以

試著用腳踩踏她背後的空地，那是牛尾的業影，你一踏上去，她一定會痛得站不住腳，不信的話，你們可以試試看。」有人依照禪師的話去做，果然一踏到她背後的空地，她便大叫一聲，栽倒在地上。眾人這才相信禪師的話，於是一起跪在地上，請求禪師設法救她。禪師具有悲天憫人的大願心，立即澄心靜坐為她觀察，過了一會兒對那個女子說：「妳家裏很有錢，儲藏穀米一萬多石，妳姑且試試，把妳的財富去救濟窮人，修修福，說不定可以解救妳的前途。」那個女子聽了禪師的話，感激得痛哭流涕，再三叩頭而去。後來禪師知道她的惡業已經消除盡了，才為她授戒。

## 寺

在我國古時原為官司之名，羅壁志餘稱：「漢設鴻臚寺待四方賓客。永平中佛法入中國，館摩騰法蘭於鴻臚寺。次年敕洛陽城西雍門外立白馬寺，以鴻臚非久居之館，故別建處之。其仍以寺名者，以僧為西方之客，若待以賓禮也，此中國有僧寺之始。」另見清一統志。外國僧人原住我國招待外賓之鴻臚寺，以後別建住所，亦以「寺」為名，此為佛教稱寺的由來。

# 果果因因，業緣所關

千百年來碗裏羹，怨深似海恨難平，欲知世上刀兵劫，但聽屠門夜半聲。

——願雲禪師

　　中土禪宗有一位道行高深的禪師，在北方的一座大山上修禪習定，歷經數番風雨，依舊矢志不渝。在他每次坐禪時，都會有一個怪物前來擾亂他，想吞噬他的肉體。禪師有個護法弟子，也有著了不起的神通，卻不是怪物的對手，每次交手都被打得頭破血流。

　　一天，禪師在高山頂上發現一塊幾丈高的大石，生成蓮花的形狀，不斷放射出翡翠色的奇光。禪師用天眼觀看，發現石內藏著一片水晶，水晶之內有一顆像胡桃一般大的紅丸。這顆紅丸集天地靈氣之所鍾，日月光華之所聚，空婉清麗，靈秀剔透。禪師用神通道力把石裏的紅丸採摘下來，放在手裏。禪師天天要坐禪入定，那件寶物不免有失落之虞，於是就把它吞進了肚子裏，出定以後，再把它吐出來。當他吐出紅丸時，砰然有聲，光華奪目。長此以往，紅丸越變越大，最後竟然像一座大山。禪師早晚之間都對著日精月華，加工吐納，一連修習了數年。禪師用紅丸向月亮打去，月亮頓時失色；向太陽打去，日光一陣昏沉；打山山崩，打水水竭，到了這個境界，紅丸已經修練而成了。禪師想用這顆紅丸來鎮壓山上的怪物，但是又不想害牠的生命，於是把紅丸交給他

的護法弟子，並且教會了他吐納的方法。經過一段時期，護法弟子也修練成功了。可惜世事無常，那個護法弟子不久卻圓寂了。禪師後來又渡了一個童子，取名精精。精精得到禪師的指點，經過幾年的修練，武藝果然純熟。

一天，禪師對精精說：「本師要入禪定，若別的鬼怪來騷擾我，我自有定力，你不要去理睬牠。如果對面山頭水潭裏的怪物前來，你就用紅丸來鎮壓牠。然而佛魔平等，千萬不要傷害牠的生命！」禪師吩咐過以後，便坐在一塊巨石之上，入大禪定。過了幾天，那怪物果然出現了。怪物來時，潭水騰空，月華昏暗。只見牠頭如山岳，眼似日輪，張著血盆大口向精精猛撲過來。就在這千鈞一髮之際，精精運足全身氣力，吐出紅丸，只見天旋地轉，八荒震動，一聲霹靂，將怪物的腦袋打得粉碎。禪師立刻從定中驚起，搖頭嘆息道：「唉！壞了！冤冤相報，無有了期，將來必會有個混世魔王摧殘佛教！」禪師和精精飛步走下山來，將怪物的遺骸埋入洞穴內，然後坐在潭邊爲精精說法。

禪師說：「一切眾生本來有個不生不滅，不去不來，不一不異，不斷不常，不染不淨，非人非畜，非女非男，非黃非白，乃至無形而形，無念而念的真如法體；無奈錯認了個有生有滅，有去有來，虛幻不實的軀殼爲自身相，錯認個念念遷流的攀緣心爲自心相，被貪、嗔、癡、慢的客塵緊緊束縛住了。從此千生萬劫，無法出離，枉受輪迴生死，受盡苦楚淒涼，卻總是沒有一點覺悟。假如肯迴光返照，放下萬緣，就會發露自己的本來面目，念念不使愚迷，那就與十方諸佛把手同行了。可是眾生福薄，得到一點好處，便又迷惑了天真佛性，跑入歧途去了。假使那個畜生，積劫所修的是野狐禪，不曉得本來就有

個永生之體，迷途難返，致使積生道行，喪於一朝，實屬可悲可憫。但這都是業緣所關，果果因因，自作自受。我今天實言告訴你，我的時機已熟，要到南方去走一遭，傳法以後，不久當入涅槃。你好好地精進修持，靈靈自照，可以解脫無邊生死，救拔群倫。所授你的吐納功夫，不過是楊葉止兒啼的方便法門，日後如有確可傳承的，也可以傳給他，但是不要逐妄迷真，斷佛慧命，時不待人，我去也。」禪師說完以後，回到山洞，收拾行裝，一缽一鏟，雲遊四方而去。

禪師去後，精精修行的道法日深，於是遍訪名山，西上崑崙，授徒一百餘人，是為劍仙代代相傳之始。精精到了晚年，獨自向南方進發，訪尋師父的蹤跡，其中有個門徒秘密地追隨左右。據說精精到了崆峒，在山洞內入大禪定，安詳坐化去了。精精的肉身，千百年來，迄今尚在崆峒山上，是為劍仙第一代祖師。

## 廟

我國古代有王室祀祖的宗廟，士大夫祀祖的家廟，廟不單祭祖，也可敬神。佛教傳入後，僧人與祭祖祭神之廟發生關係，以後竟把佛教的道場或比丘所居之處稱為廟了。在日本，佛教各宗宗祖（該宗創立人）被祭祀之處才稱為廟，沒有任何寺院稱為廟的。

# 降伏毒龍，功成身退

應發切實誓願，願離娑婆苦，願得極樂樂。其願之切，當如墮廁坑之急求
出離；又如繫牢獄之切念家鄉；己力不能自出，必求有大勢力者提拔令出。

——印光大師

隋朝時，在山西省的南五臺山上，發生了一件龍精食人的奇事。

那條龍在山上修練的日子久了，漸漸地化為了人形。牠常常化身為道人，
帶著些所謂的仙丹，在長安北市上懸壺賣藥。牠自稱活神仙，大肆宣揚說，如
果食用牠煉製的丹藥，就可以白日升天，長安市裡許多無知男女都很相信牠。
有些人食了牠的丹藥果然不知去向，大家便以為他們真的成仙得道了。

這時，五臺山上忽然來了一位高僧，人們不曉得他叫什麼名字，也不知道
他來自何方。他在山頂上搭起一間茅屋，朝夕參禪入定。

自從他到了五臺山之後，當地就沒有白日升天的事情發生了。原來這位高
僧以不可思議的神通定力，制伏了那條毒龍。毒龍得到他的慈光注照，瞋恨心
消失了，從此安安穩穩地潛伏在山泉洞穴之內，不再出來食人。當地的人民都
很感謝這位高僧，便把這件事奏上朝廷。隋文帝聽後，大為感動，立刻下令在

南五臺山頂建築一座寺廟。當地的人受了高僧的教化，很少有人做壞事，有的人還想放棄富貴榮華，跟隨這位高僧學佛悟道。

高僧不但感化人類，還能感化畜生。五臺山的猴子以及各種野獸時常在寺院附近往來，從不侵犯居民；許多鳥類也成群地聚集在樹上，聽僧人講經。一年之後，這位高僧忽然召集全寺僧眾說：「我要走了，你們好好地修道吧！」說完，便安然地圓寂了。

那天是農曆六月十九日，滿山都瀰漫著一股特殊的香氣，大霧籠罩著整個虛空；山上的鳥獸奔跑悲鳴，樹木也變做一片銀白色。

隋文帝也派來一位大官到寺內來拈香，山下人山人海，附近州縣的人全都來參加火葬儀式。在舉行儀式時，忽然天昏地暗，日月無光，天地變作一片銀白色的世界；空中傳來一陣陣簫管弦歌的聲音，又有五彩的祥雲，散佈在天空；四周馨香撲鼻。忽然東臺的山頂上出現一道黃金橋，橋上有成群結隊的天仙，手裏拿著幢、幡、寶蓋，接著滿天

落下金花，金花沒有落到地面就消失了；南臺的山頂又放射出萬道霞光，在重重迭迭的山影中，呈現出一尊大慈大悲的觀世音菩薩像。菩薩自在莊嚴的法相，豔絕天人的聖容，襯著飄拂的珠衣，纓絡射出閃閃金光，即使是一個最巧妙的畫師也無法描繪出當時的情境。滿山的群眾，沒有一個不稱誦南無大悲觀世音菩薩。

直到這時，全山的僧尼道俗才明白，這位圓寂的高僧，原來就是觀世音菩薩的化身。此事經過了數月之久，南五臺山依然瀰漫著一陣陣奇香。隋文帝聽到此事後，龍顏大悅，嘆爲稀有，立刻下了一道聖旨，要在該處建造一座七級浮圖，來供養活菩薩的舍利；隋文帝又親自揮動御筆，題寫「觀音臺寺」四個大字。

根據佛經中說，釋迦牟尼佛的誕生、出家、成道、涅槃同是四月八日，漢佛教的習慣是以四月初八為佛誕日，二月初八為佛出家日，臘月初八為佛成道日，二月十五為佛涅槃日。佛誕日舉行浴佛法會，其他三日也要在寺院中舉行各種紀念儀式。特別是臘月初八，煮臘八粥以供眾，已成為民間的傳統習俗。

漢傳佛教最大的節日，在一年之中有兩個，一是四月初八佛誕日的「浴佛法會」，一是七月十五自恣日的「盂蘭盆會」。這兩天都叫做「佛歡喜日」。

# 天國觀光，心繫蓮臺

惡業未成熟，惡者以為樂。惡業成熟時，惡者方見惡。善業未成熟，善人以為苦。善業成熟時，善者始見善。

—— 《法句經》

西京的大禪定寺有個釋靈干，俗家姓李，金城狄道地方人氏。他專修淨土宗，依照《華嚴經》做蓮華藏世界海的觀法，有時又做彌勒兜率陀天的觀法，很有成就。

在隋文帝開皇十七年（西元597年），靈干突然患病失去知覺，只有心口尚有一絲暖氣，因此沒有被埋葬。數日後，靈干竟然死而復生，他對人說：「起初我看見兩個人，手上拿著文書在我的房門外站著，他們說：『你必須去見見師父。』於是我就跟著他們走了出去。當時腳底並沒有碰到地，好像踏上了虛空，只聽見兩耳呼呼風聲。

不一會兒就來到了一座園林裏，園裏有七寶樹林，莊嚴華麗，猶如圖畫裏的一樣。那兩個人送我到園裏，便離開了。我獨自一人漫步於園內，只見山林池沼都是用珍寶鋪設而成的，耀眼的華光使人不能直視；樹下設有蓮花座，有些寶座坐著羅漢，有些寶座空無一人。我正在欣賞之時，忽然聽見有人叫我

說：『靈干！你來了嗎？』我定睛一看，原來是楚遠法師。我問道：『啊！原來是法師，請問這兒是什麼地方？』法師說：『這兒是兜率陀天，我和僧休法師同生在這裏；坐在那邊的就是他。』我看見他們二人頭戴天冠，身穿朱紫，光華絕世，只有聲音還和從前一樣。他又對我說：『你和我的弟子，將來都會生在這裏。』」

靈干醒了以後，更加精勤，整日閉門不出，專修蓮華藏世界海的觀法，到了隋煬帝大業三年（西元607年），他的禪定終於修習成功了。隋煬帝請他做道場的上座，僧眾從此越來越多。

一日，他忽然病重，將近臨終的時候，一言不發，眼睛一直往上看，過了很長時間才恢復過來。弟子童眞問他看到了什麼，靈干說：「剛才我看見兩個青衣童子來請我去，到了兜率天城外不得進去。當時我翹足去看，只見城裏有寶樹、有華蓋，很是莊嚴璀璨。」童眞問：「那就妙極了，若是生在那裏，不是滿了本願了嗎？」靈干說：「好是好的，只是天人的快樂也不是長久的，將來還要墮入輪迴，我所希望到的是華藏海！」說過後就氣絕了，可是不久又復活。童眞又問：「師父！你又看見什麼？」靈干說：「看見周圍都是大水，花木猶如車輪，我坐在蓮花之上，這樣才合我的本願啊！」說完便圓寂了。

## 諸佛菩薩聖誕及紀念日（陰曆）：

| 正月 | 初一日：彌勒佛聖誕 |
|---|---|
| | 初六日：定光佛聖誕 |
| 二月 | 初八日：釋迦牟尼佛出家 |
| | 十五日：釋迦牟尼佛涅槃 |
| | 十九日：觀世音菩薩聖誕 |
| | 廿一日：普賢菩薩聖誕 |
| 三月 | 十六日：准提菩薩聖誕 |
| 四月 | 初四日：文殊菩薩聖誕 |
| | 初八日：釋迦牟尼佛聖誕 |
| 五月 | 十三日：伽藍菩薩聖誕 |
| 六月 | 初三日：護法韋馱尊天菩薩聖誕 |
| | 十九日：觀世音菩薩成道 |

# 矢志不渝，佈施自身

智者自觀，餘一揣食，自食則生，施他則死，猶應施與，況復多耶！

——《優婆塞戒經》

　　法喜禪師七歲時就去做小沙彌，白天燒飯和砍柴，夜間才誦讀經典。山上夜晚沒有燈火，他就把柏樹枝點燃，藉著火光來閱讀經典，這樣經過好幾年，便讀通了很多佛經，後來以《法華經》做為常課。

　　隋朝仁壽年間（西元601年～西元604年），隋文帝詔請他居住在禪定寺，負責保管佛牙和佛舍利。不久他的師父去世，法喜發願要誦念《法華經》一千遍來報答師父的恩典。一天，寺裏的僧眾看到一隻大白牛，拉著一輛華貴的車子，走入法喜的房間，寺裏的人都來觀看，當他們走進房門裏面，卻並沒有看見牛車，眾人這才覺悟到，原來是法喜虔誦《法華經》，感召到了大白牛車的祥瑞。這是《法華經》裏面譬喻最上一乘的意思。

　　法喜在世的時候，曾經在山上看好一塊地，但他並沒有要把這塊地做為日後葬身之所的主意，相反他卻囑咐弟子們，在他死了以後，要將屍體佈施給野獸吃。他圓寂之後，弟子們看見師父的儀容端正，不像一個死人，不忍心把師父遺體給鳥獸吞噬，就想把屍體移往師父生前看好的那塊地裏埋葬。正要搬運屍體的時候，忽然天降大雪，道路被大雪填塞，以致不能運走。

　　他托夢給弟子說：「我要露屍在山野讓鳥獸吃，你們為什麼要違背我的本願呢？」可是弟子們始終不忍心這樣做，仍然把他的屍體安放在窟穴裏面。經過好幾年，他的屍體都沒有腐爛。宋朝時的安國公，還親自去看過法喜的法體，歷經數百年之久，禪師的神態儀容，儼然和生時一樣，安國公看後，不禁讚嘆。又經過了很長時間，法喜的屍體還是依然如舊，並沒有腐壞的跡象。一次，有人好奇地揭開了他的衣服，發現法喜自脖子以下，全身的肌肉早就被山禽野獸吃光了，只留下枯骨支撐著頭部，就像布袋戲的人物一樣，衣服裏面全是空的。這是他本人的願力所致，非達到目的不可。

**諸佛菩薩聖誕及紀念日（陰曆）：**

| | | |
|---|---|---|
| 七月 | 十三日 | 大勢至菩薩聖誕 |
| | 廿四日 | 龍樹菩薩聖誕 |
| | 三十日 | 地藏菩薩聖誕 |
| 八月 | 廿二日 | 燃燈佛聖誕 |
| 九月 | 十九日 | 觀世音菩薩出家 |
| | 三十日 | 藥師琉璃光佛聖誕 |
| 十月 | 初五日 | 達摩祖師聖誕 |
| 冬月 | 十七日 | 阿彌陀佛聖誕 |
| 臘月 | 初八日 | 釋迦牟尼佛成道日 |
| | 廿九日 | 華嚴菩薩聖誕 |

# 紅蓮業火，閻羅贈絹

紅蓮那落迦，與此差別，過此青已，色變紅赤。皮膚分裂，或十或多。故此那落迦，名曰紅蓮。

——《瑜伽論》

京師的真寂寺有一個僧人名叫釋慧如，從小就很聰明，拜信行禪師為師。信行圓寂後，慧如就傳承他的道法，專修苦行。

隋文帝大業年間（西元605～西元617年），慧如在禪堂裏坐了七日七夜，寺裏的人都認為他入了禪定境界。七日以後，慧如睜開雙眼，隨即大哭起來，泗涕橫流。寺裏的人急忙問他為何如此難受，他說：「我被火燒到腳了！」他低下頭，拉過雙腳看一看，又高聲喊叫說：「腳痛！腳痛！」人們看見他的腳完好無損，都覺得很奇怪。過了一段時間，他才平靜下來，對人們說：「我被閻羅王請去，為他唸了七日經，唸完之

後，他問我想不想會會死去的朋友，我說想見見兩個兒時的好友。閻羅王就叫牛頭、馬面把一隻烏龜帶到了我的面前。閻羅王說：『牠是你原來鄰居家的夥伴，由於貪財吝嗇，托生成烏龜。』烏龜用嘴巴舐我的雙腳，一邊舐，一邊流淚，最後依依不捨地離開了。接著我要看第二個朋友，閻羅王說：『他的罪業很重，不能叫他來，你要親自去看。』於是閻羅王就派人帶著我來到一間牢獄門口，牢門用粗大的鐵鏈子鎖著。來人高聲喊叫，守牢的人在裏面答應一聲，帶我去的人叫我趕快躲避。我剛要走避的時候，大火就從門裏燒了出來，猶如一條火龍，火星四射，有一點火星射在我的腳上，我就被燙傷了。我抬頭一看，牢門早已關閉，竟沒有看到我的朋友，只有返回閻羅王那裏。閻羅王施給我三十匹絹，已經派人送到我的後房裏了。」

寺裏的人聽後非常驚奇，跑到後房一看，果然有三十匹絹放在後房的床上。事後不久，慧如的腳背上出現了一塊銅錢般大小的瘡疤，經過一百多天才痊癒。

## 紅蓮

地獄（界名）八寒地獄之第七。梵名缽特摩Padma，譯曰紅蓮。為寒而皮肉分裂如紅蓮花也。

## 業火

譬喻惡業害身譬如火。又名燒地獄罪人之火。以後者由前世之惡業所感故也。楞嚴經八曰：「以業火乾枯。」

# 北風有靈，吹正危樓

慈眼觀眾生，如母念一子，於仇不追惡，更生憐憫心。

——《菩薩念佛三昧經》

　　天臺山的瀑布寺有個大德叫釋慧達，俗家姓王，襄陽人氏。他以修建寺廟為無上功德，每次遊山玩水，或到鄉村化緣，看到好的風景和好的地勢，都千方百計地想辦法建築寺廟。

　　隋文帝仁壽年間（西元601年～西元604年），慧達在揚州的白塔寺住持建造了一座七層高的木質佛塔。釋惠和尚聽到後，就前來請他去廬山的西林寺建造一座七層高的樓閣。慧達來到西林寺，派人去砍伐黃楠木來做建築材料，可是人們找遍了整個廬山，都沒有發現一棵黃楠樹。大家想改用其他木材，慧達卻不答應，他說：「精誠所致，金石為開。我們若有誠心，必會有所感應，不必改用其他的木頭！」最後，人們在廬山附近的巢山上發現一個山谷，谷裏盡是黃楠樹。山谷在澗裏的深處，無法將木材運出。慧達親自尋找路徑，他發現懸崖峭壁處只有一條小路，閃閃有光，可以往來。

　　這條路是五尺多寬的並天崖，於是把砍下來的木材從這條小徑上拖曳而出，一路拖到江邊，編成木排，放在江水上，任它流下。流到中途，木排散

壞，人們都認爲木材會沖到下游去，慧達卻靜靜地在廬阜等候。果然，木材漂流到這個地方停了下來，一根都沒有損失。木料運來後，樓閣很快就建築成功了。樓閣建築好以後，不知什麼緣故，竟向南邊傾斜了三尺多。工匠們用盡辦法，都沒有將樓閣扶正過來。正在無計可施之際，忽然有一陣大北風從石門澗吹了過來，一夜之間竟把樓閣吹正了。

慧達平日穿的是粗爛衣服，而且又不善於說話，可是他在指揮工人施工、計畫工程用料方面，卻是行家裏手。隋朝大業六年（西元610年）七月三十日，慧達舊病復發，昏睡在病床上七日之久。

在這七天之內，室裏飄浮著奇異的香氣，好像一縷白雲，旋繞不散；樓閣中的佛像，竟然流出汗來。沒過多久，大師就圓寂了。

## 佛教的法器之拂子

尺餘長，前端束以獸毛的道具，印度比丘原來用作驅趕蚊蠅。但中國佛教界在舉行儀式時。卻把它作為驅魔逐惡的東西了。

# 吐出舍利，跪地而終

菩薩修行大涅槃者，作是思唯：我若不能忍受如是身苦心苦，則不能令一切眾生度煩惱河，以是思唯，雖有如是身心苦惱，默然忍受。

——《涅槃經》

惠祥禪師在十九歲時染上了一種痼疾，僵臥在床上有三個月之久。一天晚上，他長嘆了一口氣說：「大丈夫應該以身從道，在末世之中救渡眾生；怎料我的業障如此深重，壯志未酬，此身已壞！」說完之後，流淚不止。天快亮的時候，床前忽然出現一個一丈多高的金色佛像，開口對他說：「誦念《涅盤經》吧，它會幫你完成心願！」惠祥聽到後，急忙叫人找來《涅盤經》，一連唸了三日三夜，不眠不休，三天過後，他的痼疾竟然痊癒了。

後來他去寧國寺做住持，弘法護法，不惜性命。他持戒精嚴，德望日高，為世人所敬重。隋朝大業年間（西元605年～西元617年）的一個夏天，惠祥在吃齋飯的時候，忽然從口裏吐出一顆舍利，他起初並沒有在意，以為是米飯裏的沙粒，便吐在了地上。沒想到那顆吐出來的舍利卻重新飛入他的口裏。如此吞吐了四次，他才覺悟到這是一顆舍利，並非尋常之物。惠祥試著用鐵錘敲打，只聽見砰的一聲，火花四濺，舍利絲毫未損。惠祥十分高興，立即集眾宣揚，焚香禮佛，全寺的人無不感動地落下淚來。這時，一股奇異的香氣瀰漫在

虛空，供在佛桌上的舍利突然放出五彩的奇光，僧眾們見所未見，不住地讚嘆佛法的偉大。在舍利的感召下，甚至連屠夫都從此放下屠刀，皈依了佛教，市面上竟無肉可買。全城的善男信女為惠祥禪師建造一座九級的佛塔來供養舍利。

惠祥禪師雖然每天只吃一餐，身體卻很肥胖。一天，李升明刺史到寺裏來，他手指禪師向同來的官員說：「這個人如此高大肥胖，每天吃一隻羊也很難填飽肚皮！」不料話音剛落，就感到後背痛癢難耐，身上全是羊肉的膻味。李升明發現自己說錯了話，立即到禪師面前懺悔。禪師在他的身上輕輕地撫摸了幾下，疼痛就消失了。

後來一個叫權茂的大官，從鄧州到寧國寺來，他看見禪師的相貌也覺得稀奇。當時李升明站在權茂的身旁，害怕權茂說錯話唐突到禪師，就提醒他說：「這位大德不比凡人，可不冒犯他啊！」接著又把自己從前的事情說了一遍。權茂聽後不以為然，請禪師試行絕食七日。禪師依照他的要求，

七日不吃不喝，膚色和面容不但沒有消瘦，反而更加豐腴紅潤。這時的權茂才覺悟到自己的愚癡，當面遇著聖人，自己卻有眼無珠。他大生慚愧之心，隨即跪倒在禪師的面前，竭誠懺悔。

隋朝大業末年八月間，惠祥禪師預知大限將至，便對弟子們說：「我要走了，你們努力修行吧！」說完之後，手執佛經，在佛前合掌跪下。禪師氣絕了許久，依舊手執佛經，跪地不動。遠近的人都來觀看，看見這樣奇異的死法，莫不讚嘆。

## 度眾生外無佛法──譚嗣同與佛教

譚嗣同知識廣博，好今文經學，喜讀王夫之《船山遺書》，也嘗學習近代自然科學知識。譚嗣同在京期間，會見了許多佛教學者，對佛學有了認同。這時，他覺得「平日所學，茫無可倚」、「徒具深悲」。他開始對佛教思想進行系統的研究，並且還進行學佛的實踐。譚嗣同最終因參加社會革命而慷慨就義，誠如梁啟超所說：「然真學佛而真能赴以積極精神者，譚嗣同外，殆未易一二見焉。」

# 海印三昧，山高谷深

幸賴善緣得聞法要，此千生萬劫轉凡成聖之時。尚復徘徊歧路，乍前乍
卻，則更歷千生萬劫，亦如是而止耳！況輾轉淪陷，更有不可知者哉！

——清·彭際清居士

　　釋法進從小就居住在益州綿竹縣的玉女寺，沒有人知道他是何方人氏。他
跟隨輝禪師學習佛法，後來又在定法師那裏受過十戒。法進性情恭謹、誠實、
謙和，平日裏只在玉女寺後面的竹林裏坐禪，很少出門。在他入禪定的時候，
經常有四隻老虎在他的前後左右巡來巡去，給他護法。他告誡僧眾們說：「你
們不要向外宣傳說我坐禪時有老虎護法，以免驚動眾生！」

　　法進禪師修習水觀，在坐禪的時候，想著自己的口水、鼻水、眼水以及身
內種種水分，與大海的水相同。如此修習了許久，他便覺得整個法界都是汪洋
大海，即佛家所說的海印三昧。有一次，他正在修習水觀時，寺裏的人從竹林
砍柴歸來，經過他的禪室，發現裏面空無一人，只有一張繩床，上面全是清
水。打柴的人順手拾起兩顆白石子，投入繩床的清水裏面，便背著木柴走了。
當天晚上，法進出了禪定，回到寺裏，只覺得背脊疼痛難忍。他查問寺裏的
人，才明白是那個打柴的人把石子投入清水裏所致。他吩咐小沙彌明天到竹林
裏去，如果看見清水，就把石子從裏面撈出來。第二天，他又照舊坐禪，小沙

彌來到後，發現繩床上佈滿了清水，裏面果然有兩顆白石子，於是就小心翼翼地將它們取出，法進的背脊便不痛了。

法進禪師天天修習水觀，從沒有離開過回應山。蜀王楊秀的妃子罹患心臟病，請來許多良醫治療，都沒有起色。有個叫文普善的道士，居住在綿州昌隆的白崖山，他能上刀梯下火海，法術超群。在鵠鳴山上也有兩個道士，能呼風喚雨，役使鬼神。他們三人自告奮勇地來到蜀王府，爲王妃治病。他們的道術，不是不神奇，可是對於王妃的病也是一籌莫展。蜀王聽到法進禪師道行，就派一個叫張英的長史，帶著幾個士兵來拜見法進，請求他出山爲王妃醫病。法進說：「我在山上住了八十年，已經和海水融爲一體了，我不能出山。」張英等人苦苦請求，法進不爲所動，他堅決地說：「我死都要在這裏，是不會去的，你們還是回去吧！」張英無可奈何，只得回去報知蜀王。蜀王又派了六位高官，牛車四輛，帶領一百多個隨員到玉女寺來迎請他。法進說：「蜀王雖然尊貴，但是命令只限於他的部下，不能命令我。」還是堅持不肯前去。蜀王聽後，不禁勃然大怒，親自率領人馬衝上山來。蜀王來到回應山，見到佛像後怒氣頓消，看到法進禪師，更是渾身發抖，遍體流津。蜀王只得恭敬如禮地說：「奉請禪師爲我的妃子治病，求禪師慈悲，救苦救難啊！」法進說：「殺羊，取羊心來食，難道羊就不痛苦嗎？

一切眾生都是佛子，何得偏心，只曉得寵愛你的妃嬪呢？」蜀王聽了，心中極為慚愧。他曾經叫人殺了幾隻羊，把羊心煮給妃子吃，如今被法進禪師一語中破，只得向禪師懺悔。他跪請禪師出山，法進沒有辦法，只得答應他說：「大王的命令重於泰山，我不能不從，貧僧不忍騎牛乘馬，你們先回吧，我隨後便到。」蜀王不放心地說：「禪師！弟子可以跟隨您一起走嗎？」法進說：「出家人與在家人大不相同，你可以先走一步，我與你同時到達就是了。」蜀王只得辭別法進，率領隨從先行下山，行了兩天才返回王府。這時，法進禪師早就站在了王府的門前，等待眾人。他隨蜀王走進妃子的房間，妃子一看見了他，便流出一身大汗，積年的頑疾忽然好了。蜀王非常感激，立刻供養綢絹五百匹，以及衲衣袈裟等物。法進讓王妃洗過手，捧著綢絹袈裟等物跟他發願，願把這些供養迴向法界眾生。

法進禪師臨行時，蜀王和妃子將他送出門外時，發現他腳面離地四、五寸，浮在虛空之中，轉眼之間就飄然不見蹤影。

## 從絕代才子到律宗祖師——李叔同的人生境界

弘一大師（李叔同）是我國近代新文化先驅者。同時也是著名戲劇活動家、藝術教育家。中年出家後成為南山律宗一代祖師，被譽為「民國四大高僧」。弘一大師一生求索，實踐生命的究竟覺悟，為紅塵中迷失的芸芸眾生，指出了一條超越低俗物慾的光明人生大道！

# 天生神力，伏虎降魔

　　心跳噩夢，乃宿世惡業所現之兆；然現境雖有善惡，轉變在乎自己；惡業現而專心念佛，則惡因緣為善因緣。

——印光大師

　　古時的神僧，能降龍的沒有幾個，能伏虎的卻有很多，比如法聰禪師，經常有十七、八隻老虎替他看守門戶；僧稠禪師，攔開兩隻打架的老虎；曇詢禪師，也是用錫杖攔開老虎，自己站在中間，老虎打架打不成，便各自跑開了。

　　話說隋朝末年，鄭州的會善寺有一個叫釋明恭的高僧，也有伏虎的本領。有一次，他在廟門前看見一隻老虎和山豬在一起撕咬，山豬漸漸落了下風，明恭就對老虎說：「放走，放走！快把牠放走！」可是老虎不聽他的話，依舊纏著山豬，想要把牠置於死地。明恭十分生氣，他快步走上前來，一手捉住老虎的頭，一手捉住尾巴，雙手一舉，就把老虎拋到了一邊，山豬這才得以脫險。

　　明恭在一次酒醉之後，將自己的僧袍放在一塊重約數千斤的巨石下面，其他的僧人看見了，都為之吐舌驚嘆。等到回禪房休息時，明恭一手托起大石頭，一手扯出僧衣，氣不長出，面不改色，可見他的力氣，不知大到什麼程度。當時，朝政腐敗，盜賊蜂起，有數十個強盜來到會善寺，喝令寺裏的和尚

立刻準備飯菜。僧眾們急忙將齋飯做好，端到強盜頭子面前。強盜頭子看到送來的飯菜清湯寡水，沒有一絲肉腥，不由得大發雷霆，舉刀要砍送飯的沙彌。明恭走上前來，將沙彌擋在身後，不慌不忙地說：「出家人不殺生，哪能有雞、鴨、魚、肉呢？諸位如果不吃，豈不是太可惜了，還是讓貧僧代勞吧！」說完，將數十人的飯菜，猶如風捲殘雲一般，頃刻之間吃得精光。那些強盜個個嚇得瞠目結舌，張著嘴巴，渾身發抖。昔日力拔山兮氣蓋世的楚項羽，在鴻門宴上看見樊噲獨自一人把一壇酒、一隻大豬腿吃得精光，佩服得連連叫好，何況明恭一個人能吃數十人的飯菜，流寇們一時驚為天人！明恭吃飽之後，高聲招集強盜，要他們做寺裏護法的大檀越。那些強盜哪敢不應，都乖乖地叩頭謝罪，皈依佛門。之後，發生過許多戰爭，盜賊如毛，卻沒有人敢侵犯會善寺，連鄭州一帶都安定如常。

## 菩薩行者，國學大師梁漱溟

　　梁漱溟是蜚聲中外的儒學大師，但是很少有人知道他和佛教的關係。他一生超然物外，淡泊名利，用「無我」的精神，為國家為民族效力。由於他長年茹素且不蓄髮，被人稱為「不穿袈裟的和尚」。　他則自稱只是一位篤信佛學的教徒，說「我一生所忙碌的事業，都是以出世者悲天憫人的心腸，從事入世工作」，由此乃能淡泊名利，超然物外。

# 蟲蟻搬家，河水斷流

人之過惡深重者，亦有效驗。或心神昏塞轉頭即忘；或無事而常煩惱；或見君子而赧然消沮；或聞正論而不樂；或施惠而人反怨；或夜夢顛倒；甚則妄言失志，皆作孽之相也。苟一類此，即須奮發，捨舊圖新，幸勿自誤！

——明·袁了凡

因聖寺裏的住持叫僧珍禪師，以前穴居野處，在深山裏修行，不問世事。他曾在京師的東阜找到一個山窟，在山窟裏建築一間寺廟，當地的善男信女成群結隊地前來幫忙。有一隻白足黃身的狗，也夾雜在人群中，在山窟裏進進出出。這隻狗可不是來湊熱鬧的，而是來幫忙的，牠用嘴巴不斷地銜著土塊，放到工地上。吃飯的時候，牠就加入人群中吃飯，大家起早貪黑地幹活，牠也一刻不停歇。人們認為這是僧珍禪師的道德感召，於是四方八面的人們都來聽法皈依，信徒日漸增多。當地官員將這件奇事上奏給隋文帝，文帝聽後也為之感動，隨即派人每日送御賜白米三升，長年供養。寺廟落成之後，那隻狗便往生了，這便是因聖寺的來由。法順禪師是僧珍禪師的徒弟，俗話說「名師出高徒」，法順禪師的道業更是非同凡響。

有一次，法順在慶州勸告民眾興建一個法會，承辦人以為這個法會的規模不是很大，只準備了五百人的飯菜，可是到了吃飯的時候，卻來了一千多位。

承辦人忙得焦頭爛額，眼看就無法應付了。法順禪師來到近前，寬慰他不要擔憂，一切順其自然即可。結果，那次供齋大家都吃得飽飽的，飯菜還有剩餘，大家都不曉得禪師使出了什麼法寶。

當地有個叫張弘暢的人，飼養牛馬很有經驗，對牛馬的性情，他都瞭若指掌。一次，他從北地買來一匹馬，桀驁難馴，用了許多辦法，都無法使牠就範。法順禪師聽到這件事後，來到他的家裏，對著那匹馬說法，教導牠改惡從善，禪師剛講完第一卷，便馴服了牠。

禪師曾經帶領眾多弟子前往驪山，驪山遍地都是蟲蟻，弟子們恐怕踐踏到牠們，不但不敢種菜，而且不敢隨便走路。禪師看到這種情況，就叫人圍繞著寺院、田園、周圍的空地畫了一個大大的圓圈，口中喃喃有詞，勸說蟲蟻搬家。到了第二天，大家往地上一看，在大圓圈的範圍內，沒有發現一隻蟲蟻。

武功縣有個僧人被毒龍迷惑，人們把他送到法順禪師的住處，禪師向他拱一拱手，那條附在僧人身上的毒龍說：「既然禪師有吩咐，我就不該久住了。」從此那個僧人的病就好了。遠近的病人聽到這個消息，

都來求法順醫治。法順為人治病，不開藥方，不動手術，只是跟他們對坐談話，在談話之間，病人不知不覺就痊癒了。人們都說，這是受了法順禪師的道德感召，那些瘴癘鬼、淫邪病，以及種種幽靈一見了他，都生起敬畏之心，邪不勝正，便遠走高飛了。禪師的談話，所指出的都是邪知邪見的錯誤處，發揚佛教的正確道理，所以無論什麼神樹、什麼鬼廟被禪師看見了，就自動焚燒起來。一次，禪師想渡過黃河前往南方，當時河水氾濫，一片汪洋，水面上沒有渡船。禪師從水中走過，所經之處，河水忽然斷流，讓出一條通天大道。禪師走過之後，河水才繼續向前流動，岸邊的人無不為之驚奇。這事後來傳遍了京師，朝野上下都說他是一位不可思議的神僧。唐太宗聽到後，對法順禪師非常仰慕，派人請入京師供養。

貞觀十四年（西元640年），禪師在京師南郊的義善寺無疾而終。他臨終的時候，有兩隻小鳥在他的房間裏飛來飛去，叫聲很悲苦。徒弟們將禪師的遺體運送到樊川北原的石山上，安放在事先鑿好的石窟裏。遺體放入後，石窟的四周常常瀰漫著奇異的香氣，經過三年之久，禪師的肉身依舊完好如初。徒弟們害怕禪師的遺體被外物侵擾，便把他裝入龕裏，以便長期瞻仰。

## 佛陀有十大弟子

舍利弗智慧第一，目犍連神通第一，阿難陀多聞第一，優波離持戒第一，阿那律天眼第一，大迦葉頭陀第一，富樓那說法第一，迦旃延論議第一，羅剎羅密行第一，須菩提解空第一。

# 頂禮娑羅，一心為民

報緣虛幻，不可強為。浮世幾何，隨家豐儉。苦樂逆順，道在其中。動靜寒溫，自愧自悔。

——佛眼禪師

隋末唐初，有個法施禪師，神通智慧，難以測度，每天都前往各處教化人民，居無定所。一天，他來到巴陵的顯安寺，在娑羅樹下坐禪，欣賞娑羅樹的奇蹟。

說到娑羅樹，它最早出現在晉惠帝永康元年（西元300年）。一日，在顯安寺的僧房床下，忽然長出一株奇樹，僧眾剛將其砍倒，立刻就重長出來。砍了又長，長了又砍，如此這般，一連砍了好幾次，最後非但砍之不盡，反而越長越粗，僧眾們沒有辦法，只好任其生長。不過十天，樹頭已經高到屋頂，寺裏的人只得把房子拆下來，遷往別處重建，讓那株娑羅樹盡情生長，從此以後，那株奇樹的生長速度卻慢慢地減緩了。這株樹每年五月開花，九月落葉，當時沒有人認得它是什麼樹，後來有個外國僧人來到寺內掛單，看到這株樹，不由得涕淚橫流，他跪在樹下對寺裏的僧人說：「唉！這是娑羅樹呀！昔日釋迦牟尼就是在這一種樹下圓寂的。」到了南朝宋文帝元嘉十一年（西元434年），這株娑羅樹開出一朵花，形狀和顏色好像芙蓉花，看到這朵花的人，都認為這是

佛祖降下的祥瑞。

法施禪師來到這裏，每天都對著娑羅樹頂禮膜拜，祈求佛祖加被，救黎民於水火之中。當時正值隋朝末年，天下大亂，刀兵四起。有個叫蕭銑的縣令，跟法施禪師很要好，時常往來。一天，法施禪師拍拍蕭銑的肩膀，指著巴陵城說：「大人，這個城池可是一座天子之城啊！」後來蕭銑果然自稱為王。巴陵的米價平賤，法施禪師叫寺裏的僧眾多多買米儲藏起來，寺裏眾人平日裏對法施禪師欽敬有加，於是傾盡所有買來了大量的米。事隔不久，米價果然猛漲，老百姓買不起糧食，一個個沿街乞討。禪師看到後，便將這些米拿來救濟貧民。後來蕭銑聽從了他的勸導，歸降了唐朝，巴陵地區再也沒有戰亂發生了，老百姓全都安居樂業，呈現一片祥和的景象。禪師曾在江陵修過頭陀苦行，在他入禪定時，有一隻老虎，寸步不離地在床前守著，如果有人來拜訪禪師，禪師就對老虎說：「閉上眼睛，睡會覺吧！」老虎果然很聽話，順從地閉上了雙眼。

## 發菩提心

佛經上說過，發菩提心的要件，第一是深心，廣修無量善法。第二是悲心，廣渡無量眾生。第三是直心，正念真如。華嚴經云：「菩提妙法樹，生於直心地。」因心直則真，心真則志願堅固，信仰便始終不轉移，而能勇猛精進地去做自利利他的工作。

# 償還宿業，躬身苦行

種種惡逆境界，盡情看作真實受益之處。名利、聲色、飲食、衣服、讚譽、供養種種順情境界，盡情看作毒藥、毒箭。

——蕅益大師

志超禪師，擁有超出常人的智慧，從小就想出家，可是父母不允許，還要逼他早日成親。在萬般無奈的情形下，志超只得順從親命，與鄰村的女子成了婚。結婚以後，志超天天對妻子講解佛經，最後妻子被他感化了，經常和他一起打坐參禪。他們雖然每晚同居一處，但是一個睡在床上，一個睡在地氈上面，如此經過了好幾年。

在志超二十七歲那一年，他終於如願以償地出家了。當時正處在亂世，強盜接二連三地騷擾各處鄉村，老百姓四處逃難，流離失所。有一晚，志超正在坐禪的時候，忽然有一群強盜破門而入，將明晃晃的大刀架在他的脖子上，威脅他交出寺裏的珍寶。志超端坐如常，毫不畏懼，竟使那些滿臉殺氣的強盜放下屠刀，跪倒在他的面前，叩頭禮拜。

唐高祖武德七年（西元624年），朝廷嚴禁百姓出家，如果有觸犯法令的，處以極刑。志超並沒有被嚴刑酷法嚇倒，依舊挺身而出弘揚佛法，普渡眾生。

凡是有人前來皈依的，他無不為人剃度。寺院的僧眾越來越多，糧食卻日益匱乏，麥子只剩下六石。火工頭陀將這一情況報告給志超禪師，禪師聽後微微一笑，告訴來人儘管做飯，不用擔心糧食。火工頭陀領命而去，依照原來的標準，辦伙食的人每天磨麥五斗，可是從春天吃到夏天，檢查起來，所磨的麥子總共才有兩斛（註：一斛即十斗，且十斗等於一石，故一斛等於一石），原來這是護法神暗中幫助的緣故。志超禪師有時召集僧眾，鐘鼓不打自鳴。在他一生之中，所渡的出家人就有一千多個。

他有個弟子叫曇韻，也是一個苦行頭陀，每天只吃一餐，每餐只吃一道菜。晚年住在比干山，專心修行。他所穿的衣服長年不洗，積起的垢膩有厚厚

的一層，上面爬滿了蚤虱，但他從來不肯把蚤虱扔掉。他所坐的墊子也是生滿了蚤虱，曇韻非但不怨恨牠們，反而埋怨自己，說自己宿世債務未清，所以這些東西才來騷擾他。

如此經過了四十年之久，蚤虱在他身上才完全絕跡。他提醒自己說：「我的宿業太重，雖然沒有蚤虱的侵擾，也應當再受幾年苦惱，這樣才可以消除惡業！」曇韻對志超禪師十分敬仰，師父圓寂後，他對自己的弟子說：「我曾去過志超師父居住過的房間，儘管房中爬滿了蚤虱，也不敢食啖牠；在用齋飯時，師父的湯匙觸到了蟲蟲，依舊照食如常，也不會因此中毒。像我這個薄德之人，哪裡比得上志超師父呢？」

## 苦行僧

是指早期印度一些宗教中以「苦行」為修行手段的僧人。「苦行」一詞，梵文原意為「熱」，因為印度氣候炎熱，宗教徒便把受熱做為苦行的主要手段。現在一般比喻為實踐某種信仰而實行自我節制、自我磨練、拒絕物質和肉體的引誘，忍受惡劣環境壓迫的人。

# 淡然處世，氣奪王侯

處眾處獨，宜韜宜晦。若啞若聾，如癡如醉。埋光埋名，養智養慧。隨動隨靜，忘內忘外。

——翠岩禪師

釋轉明，俗家姓鹿，沒有人知道他究竟來自何方，姓氏名誰。他長得相貌平平，常年只穿一件樸素的僧衣。他淡然處世，喜怒不形於色，許多人都把他當作平常人對待。

在隋煬帝大業八年（西元612年），轉明徒步來到京師長安，向煬帝上奏說有賊將要作亂，煬帝派人四處查看，並沒有發現盜賊作亂的跡象。煬帝覺得事出有因，並沒有將他處以欺君之罪，只是暫時收監而已。

到了第二年六月，果然有人叛亂，煬

帝才覺悟到，從前轉明所奏之事並無虛假，急忙下令將他釋放。轉明在坐牢之時，沒有絲毫牢騷，總是淡然處之，出獄後從不向人提及坐牢之事，足見其胸懷非常寬廣。

一次，煬帝巡遊江都，途經偃師，偃師的監獄裏有五十個死囚，不久就要被斬首，轉明對人說：「明天我要釋放那些死囚。」夜裏，他裝作探監的樣子來到牢房，對死囚們說：「明天聖駕經過這裏，你們一起大叫有賊，必能獲救。如果皇上問你們緣由，你們就說是轉明吩咐的。」第二天，煬帝果然路過此地，死囚們齊聲高呼：「有賊！」煬帝聽到後，派人將這些死囚帶到近前，仔細一查問，才發覺這些死囚都是被冤枉的。他們原本是安分守己的百姓，卻被縣令糊里糊塗地當成流寇關進了大牢。煬帝問明原因後，便把這些死囚全部釋放了。

煬帝聽說是轉明讓那些被冤枉的百姓喊有賊的，就向轉明詢問這樣做的原因。轉明說：「皇上不修善政，只知好大喜功，弄得怨聲載道，長此以往，普天下的人都會變成了盜賊。貧僧之所以讓那些人大喊有賊，是希望陛下警醒。」煬帝哪能聽得進這樣的話，不禁龍顏大怒，將轉明再次收監，轉明面無懼色，處之泰然。當時四方的流寇十分猖獗，民不聊生，與轉明的預言完全相符。

煬帝被宇文化及殺死後，轉明才得以出獄。他雖然可以來去自由，但是仍要居住在干陽門內。恭帝讓人收拾好一間別院來供養他，又擔心他會逃亡，就

暗中派了三個衛士日夜監視他。後來王世充殺死恭帝，自立爲王，他對轉明十分的禮遇，但看管得也更爲嚴密。

唐高祖武德三年（西元620年），轉明從洛陽出走，經過重重關卡，來到太原府。唐高祖聽到神僧的大名，就禮請他住在化度寺，還經常請他入宮，請教國家大事。平日有些人向轉明請教學佛的方法，他只說「平等」二字。一次，他對化度寺的僧衆說：「不久的將來，這裏必有流血事件發生，大家要小心啊！」原來，寺中的住持僧法該，曾暗中剃度了王世充的一個孫子，後來被官府發覺，被押往市集斬首。

在這一年八月間，轉明忽然失蹤，所有衣服和物品都存放在化度寺的臥室裏。唐高祖下令找尋，可是找遍全國都沒有任何消息。

### 衆生平等

指地獄、鬼、畜牲、阿修羅、人、天、聲聞、緣覺、菩薩、佛這十個法界的靈體都是衆生，都是平等的。這裏的平等是指都有可以覺悟體察的真如本性，大家的機會是平等的。但是由於衆生自己的因果業力的關係，不得不在六道裏輪迴。「所有一切衆生之類，若卵生、若胎生、若濕生、若化生、若有色、若無色、若有想、若無想、若非有想非無想，如是滅度無量無數無邊衆生。」

# 三軍勇將，天國佛陀

若失本心即當懺悔，懺悔之法，是為清涼。

—— 《金剛三昧經》

　　智巖禪師在沒有出家之前，是一位勇冠三軍的猛將。他是丹陽縣人，在很小的時候就經常對人說：「世人只知道追求眼前利益，爲了功名利祿患得患失，卻不願意放下一切去探討宇宙人生的眞理，眞是可悲可嘆至極！」鄉里的人見他小小年紀，就能說出如此不平凡的話來，都讚嘆他日後必有所成。

　　在隋朝大業年間（西元605年～西元618年），他榮升爲虎賁中郎將。有一次，他率領軍隊和敵人交鋒，兩軍對壘之後，對方的一員大將率先來到陣前，耀武揚威，一副不可一世的模樣。敵將勒住馬頭，把鐵槍插在地上，高聲喝道：「小子！你有沒有力氣把它拔起來？若能拔得出來，才有資格跟我決鬥；如果不能，勸你不要前來送死。」

　　智巖聽後，一言不發，催馬向前，不慌不忙地用腋下夾住敵將的鐵槍，輕輕一提就抄在了手中。陣中的士兵們見了，大加喝采。他依照敵將的做法，也把鐵槍插入地上，叫敵將去拔，敵將一連拔了三次，卻像蚍蜉撼大樹一般，鐵槍紋絲不動。敵將於是下馬投降，被智巖生擒活捉。智巖並沒有將他斬首示

眾，只是用刀輕輕地架住他的脖子說：「我發誓不枉送別人的性命，現在我把你的頭顱施捨給你，你去吧！」說完，便把他放走了。

智岩殺伐征戰了二十年，覺世事無常，人生如夢，雖然功名富貴已經到手，到頭來不免一抔黃土，白骨長埋。正所謂「將軍鐵馬今何在，碧草黃花滿地愁」！世間的富貴功名，還不是過眼雲煙？於是他便想掛冠歸去，準備皈依佛門。

一天，他走到深山裏面，試著探尋宇宙人生的道理，追求心靈上的歸宿，這時忽然遇到一位相貌莊嚴的神僧，身材有一丈多高，以清朗的聲音對他說：

「你若有心出家，就應該加倍精進。」說罷，忽然不見。智岩聽後又驚又喜，毅然捨棄官爵，落髮為僧。

智岩在深山裏修行，加倍精勤，日夕參究。一次，他在山谷裏入了禪定，不料山洪爆發，將要浸到自己的身上時，他依舊悠遊自在，端坐不動。有個獵人對他說：「喂！和尚！你的生命要緊呢？還是坐禪要緊呢？大水快要沖來了，

你還不趕快逃命！」智岩笑了笑說：「我本來就沒有生，又何必畏懼死亡！」獵人聽了，恍然大悟，便把捕來的鳥獸全都放走，並且對他發誓，從此不再做殺生之事。

睦州刺史嚴撰、衢州刺史張綽、威州刺史李詢，以及麗州刺史閭兵胤，得知他在這個山上修行，便一起來拜訪他。嚴撰對他說：「中郎將！你發癡了嗎？為什麼有官不做，卻來做和尚？有福不享，卻住在這個荒山裏呢？」智岩笑了笑說：「我的癡快要醒了，你們的癡才開始發作。假如你們沒有癡，為什麼還要想盡辦法地去追求富貴榮華？倘若無常一到，也只有手忙腳亂的分，哪還顧得上這些身外之物？」這些達官貴人聽後，全都面紅耳赤，急忙掉頭離開了。

## 功德

　　梵語guna。音譯做懼曩、麌曩、求那。意指功能福德。亦謂行善所獲之果報。《景德傳燈錄　卷三》有如下記載，梁武帝問於菩提達摩：「朕即位已來，造寺、寫經、渡僧不可勝紀，有何功德？」師曰：「並無功德。蓋此僅為人天小果有漏之因，雖有非實。所謂真功德，乃淨智妙圓、體自空寂，不求於世。」又功德之深廣喻為海，稱功德海，其貴重如寶而謂功德寶，其他尚有功德藏、功德聚、功德莊嚴、功德林等多種名稱。

# 身心自在，無拘無束

行少欲者，心則坦然，無所憂畏，觸事有餘，常無不足。

——《佛遺教經》


禪宗四祖道信大師，從小就喜歡佛法，對於般若空智好像是前生帶來的。在他十四歲那一年，去參拜三祖僧燦，並向大師請教說：「請和尚慈悲，教我一個解脫的方法吧！」三祖問：「誰人束縛你呢？」道信說：「沒有人束縛我啊！」三祖又說：「既然沒有人束縛你，又何必尋求解脫呢？」道信立刻領會，一朝悟道。他追隨僧燦有九年之久。三祖知道他的因緣成熟，就把法衣傳給了他，並向他說出一首偈：「花種雖因地，從地種花生；若無人下種，花地盡無主。」過了幾日，僧燦對他說：「昔日慧可大師傳法衣給我，我去鄴都傳法三十多年，如今得到了你，我可以放心地走了。」說完，收拾好行囊到廣東的羅浮山去了。

道信自從得到三祖傳法之後，日夜精勤，收攝自己的妄心，身不沾席有六十多年。在隋煬帝大業十三年（西元617年），他帶領一班弟子到吉州去弘揚佛法。當時流寇蜂起，吉州城被賊圍困了七十多天，城中的水源早已斷絕，幸好道信大師神通廣大，能自由出入，他得知城中鬧水荒，便立刻進了城。說來奇怪，自從道信進城之後，城內凡是可以蓄水的地方都蓄滿了水。守城的刺史連忙

走到他的面前叩頭禮拜，並請教破賊的方法。道信說：「你們誠心誦念《般若經》就可以了。」刺史立即傳令，凡在城裏的上下人等，人人都要誠心誦念《般若經》。在大家誦念《般若經》時，城牆上突然出現了許多神兵，手執金剛杵威猛絕倫，朝著流寇怒目而視。流寇驚懼萬分，那些頭目聚在一起商談說：「城裏必有奇人，我們是打不進去的。」於是便抱頭鼠竄而去。

陽山地方有一個種植松樹的老人曾經向四祖問道，他說：「我得聞法嗎？我能學道嗎？」四祖說：「你的歲數太大了，即使得道也不能長年，變做另一個人再來，我還可以等候你的。」栽松老人答應了，就來到周姓姑娘那裏。姑娘正在河邊洗衣服，老人對她說：「姑娘！我向妳借住一宿，可以嗎？」姑娘說：「我家裏有父親和哥哥，你跟他們去說吧！」老人說：「不用了，只要妳知道就可以了。」從此周姑娘的肚子一天比一天大起來，她的父親和哥哥認為她不貞節，就把她趕出了家門。姑娘走投無路，只好替人家幫傭。過了十個月，姑娘生下一個男孩，她認為這個男孩是個不祥之物，就把他扔進了河裏。嬰兒被丟在水中，逆水漂流，不沉不沒；姑娘又把他扔到山裏，奇怪的是白天有鳥來哺育他，夜晚有狐狸來餵乳。周姑娘也有些不忍，畢竟是自己身上掉下

來的肉，於是就把他拾回來，這個嬰孩就是後來黃梅山的五祖弘忍大師。他長到四歲大時，獨自找到四祖道信大師，大師問道：「你來做什麼？」他說：「我來做佛。」大師說：「你年紀太小了，怎能做佛？」他不高興地說：「年紀大些，你嫌老；年紀小的，又說不行，你到底讓人怎麼樣才行？」道信大師這才知道他是從前那個栽松老人轉世來的，便收留他做爲弟子。過了幾年，道信大師便把法衣傳給了他，並向他說了一首偈：「花種有生性，因地花種生；大緣與信合，當生生不生。」

有一天，大師對弟子們說：「我在武德年間曾遊歷過廬山，登上香爐峰，發現牛頭山上紫氣如蓋，下邊有白氣橫分六道，你們曉得是什麼原因嗎？」他的徒弟們都搖了搖頭，弘忍在窗外聽到後，就走入房門說：「莫不是和尚日後，橫出一枝佛法！」大師說：「是的，你猜中了！」於是，連夜就趕往牛頭山去了。

牛頭山上有個法融禪師，俗家姓韋，潤州延陵人氏，他在十九歲的時候就讀通了所有儒家的經史，後來讀到大部《般若經》，才曉得真空的道理，他嘆道：「儒家的世間學問不夠徹底，只有《般若經》才是出世的舟航，我不如出家修行去。」從此他就遁入空門，專心修習禪定。

道信大師來到這裏，就獨自一個人去尋訪法融禪師。法融看見他來，依舊端坐不動，對他不理不睬。道信拾起一塊磚頭，在法融面前磨來磨去，過了很長時間，法融實在聽得不耐煩了，就向他問道：「你磨磚做什麼？」大師說：

「用它做鏡子。」法融不解地問：「磨磚怎能做鏡呢？」大師說：「磨磚既不能做鏡，那麼靜坐也無法成佛。」接著大師反問道：「你在這裏做什麼？」法融說：「我在觀心。」大師問：「觀是什麼人？心是什麼物？」法融答不出來，便起來向他行禮說：「大德高棲何處？」大師說：「貧僧居無定所，四處漂泊。」法融說：「大德認識道信禪師嗎？」大師說：「貧僧便是。」法融急忙將大師迎入禪房，禪房外不斷傳來豺狼虎豹的怒吼聲，大師用雙手蒙住耳朵，裝作十分驚慌的樣子。法融心裡暗自好笑，心想：「都說他道行高深，看來不過爾爾。」休息片刻，二人走出禪房，大師走到法融平日所坐的石前，用手輕輕地寫了一個佛字，堅石鬆脆猶如泥土。法融見了大驚，向大師頂禮，請求開示禪宗的心要。大師說：「百千種法門無非歸於一心，如恒河沙數的功德，也不過是從心裏發出來的。」法融問：「心既然具足一切法，但哪個才是心？什麼才是佛呢？」大師說：「不是心如何會問佛？既能問佛，豈不就是心嗎？」法融說：「禪宗既然不許作觀，可是心念忽然起來，又怎樣去對付它呢？」大師說：「所緣的境，本來沒有好壞之分，若說境有好壞，不過是從心所起，心若是不勉強去分別它的好壞，那些妄情又怎會對治呢？妄情既不會生起，眞心是遍知的心，最重要的就是隨心自在，也不要怎樣對治了。這一個任運遍知的心，即是常住法身，永不變異的。這是僧燦大師傳授給我的頓教法門，如今我也傳授給你，你好好地依法修行就是了。」法融伏地恭聽大師教誨。

道信大師將要臨終的時候，對五祖弘忍說：「你去為我建造一座佛塔吧！」過了一會兒，他又說：「工程太慢了！加快些進度！」將近午時，大

師問道：「到了中午了沒有？」弟子們回答：「快到了，不知師父有什麼吩咐？」大師微笑著說：「我要說的平日都向你們說過了，現在哪裡還會有什麼吩咐。」說完，便圓寂了。

## 法門

　　梵語Dharma-paryāya，即佛法、教法。佛所說，而為世之準則者，謂之法；此法既為眾聖入道之通處，復為如來聖者遊履之處，故稱為門。法門一詞既可作為佛所說教法之總稱，而以「不二法門」總括其教說之絕對性；亦可以「八萬四千法門」含攝其重重無盡之個別性，以應眾生千差萬別，重重無盡之煩惱；蓋眾生有八萬四千之煩惱，故佛乃為之說八萬四千之法門。法門既可無盡無量，故以大海喻其深廣浩瀚，不可測量，稱為法門海。

# 誦念眞經，化禍爲福

高王觀世音，能救諸苦危；臨危急難中，死者變成活；諸佛語不虛，是故應頂禮。持誦滿千遍，重罪皆消滅；薄福不信者，專貢受持經。

——《佛説高王觀世音經》

醴泉縣有一叫徐善才的人，從小就喜歡吃素，常常誦讀《觀世音經》，也常到延興寺的玄琬律師處修習功德，還請人寫經送給他的親朋好友。

在唐高祖武德二年十一月，因有要事回到家中，於途中偶遇胡人，把他捉走，送到鄜州的南邊去了。那些胡人極其兇殘暴虐，把所捉數千漢人雙手倒束於背後，一一殺死，再把屍體從高高的山崖上推下去。徐善才看見這個情形，心知必會輪到自己，於是拼命地念觀世音菩薩的聖號，一刻也沒有停止。輪到要殺徐善才時，他一邊猛念聖號，一邊感覺到胡人的刀很用力地砍在自己的脖子上，卻又不痛。那是下午五、六點鐘的時候。到了七、八點鐘，覺得自己的身子好像掛在深澗的樹枝上，距離岸邊還有三百多尺遠，他想：「爲什麼我會在這裏呢？」想了很久，才記起原來是被胡人砍頭。但是因何不會死？因何身子又在樹上呢？他伸手摸摸自己的頭還在，只是脖子微痛，但沒有損傷，他覺悟到可能是觀世音菩薩救活了自己吧！那時是十一月十五日，天空還有一輪明月照著，可以看見山路，只是身上並沒有衣服穿著，又沒有東西吃，已經餓了

好幾天了，正是飢寒交迫。於是他從樹上攀爬下來，循著山坑旁，向東方走了二里路，忽然看見有一件羊裘以及一雙鞋襪，他便披上羊裘，穿上鞋襪，因而得以免受寒苦。繼續又向東方走了一里路，便看見路旁有一盆桃棗，色澤還是青青紅紅，好像是剛摘下來的，因此他把桃棗飽吃一頓，得以免除飢苦。徐善才心裏想著：「這些桃棗也是觀世音菩薩所賜的，不然十一月間哪能找得到新鮮桃棗呢？」他既然有了羊裘、鞋襪，又吃飽了桃棗，不飢不寒，氣力增加，便向南坡走上去。到了南岸，回頭往北方一看，看見胡賊的營寨有數里遠，只聽得人聲嘈雜，以及雞啼狗吠的聲音。雖然到了南岸，恐怕賊兵追來，於是朝著自己家鄉的方向急急行走。走了五十多里遠，確知距離胡賊營寨已經十分遙遠了，身心才得安泰。他走到一株大樹下歇歇腳，盤起兩膝，依舊誦念觀音聖號，因為疲倦極了，不覺入了禪定。到了四更時候，方才出定，睜開雙眼，只見一隻很大的青色豺狼蹲坐在面前，用舌頭舐著自己的鼻子，他還是閉上雙眼，心中想著：「如果這隻豺狼是我宿世的仇人，牠吃了我，便可以償還債；若牠不是豺狼而是觀世音菩薩化身，我必定得救。」想完再睜開雙眼一看，剛才那隻豺狼已經不知去向，於是他便平平安安地返回自己的家鄉，並將剩下的桃棗拿給他的朋友看，確定此事絕非虛構。

## 業鏡空花

是指世間諸因諸相皆為空幻之意。業鏡，佛教語。謂諸天與地獄中照攝眾生善惡業的鏡子。空花，是禪僧詩客最喜運用的喻象之一，意為「幻」，鏡花水月，便是空幻之意味。

# 為民請命，群龍皈依

應代一切眾生受加毀辱，惡事向自己，好事與他人。

——《梵網經》

清河有一位曇超禪師，身長八尺，素食布衣，最初住在龍華寺，後來遷居到靈隱山。

一日，禪師正在入定之際，忽然聽到一陣風雷聲響，隨即出現了一位氣宇軒昂的中年男子。他恭敬地對禪師說：「弟子住在七里灘，今天到來有要事相求。倉促趕來，多有冒犯，還望大師恕罪。」禪師說：「扶危救難是出家人的本分，施主不必客氣。」中年男子說：「富陽縣的村民偶爾在山麓下砍伐，不小心觸犯了龍室，群龍不禁勃然大怒，牠們發誓說三百天之內絕不下雨，以懲戒他們。如今才過了一百多天，那個地方的井池就已經枯涸了，禾苗也要枯死了。法師道高德重，如蒙法師慈悲前行，威德所及，必然下雨。還望法師大發慈悲，拯救黎民於水火！」禪師聽後，心如火焚，匆匆地整理好行裝就立即起程了。五日後，禪師來到赤亭山為眾生祈願。當晚群龍化為人形，前來謁見禪師，禪師為牠們宣說佛法，群龍聽後感動不已，紛紛要求皈依。禪師說：「如果皈依佛門，必須先答應我一個條件。」群龍的首領說：「大師儘管說，我們一定答應。」禪師說：「富陽縣一連數月滴雨不降，百姓哭天喊地，希望你

們能發發善心，普降甘霖。」話一出口，這些龍你看我，我看你，誰都沉默無語。禪師厲聲說：「佛法無邊，難道你們想見識一下貧僧的手段嗎？」群龍急忙伏在地上，不住地道歉說：「大師息怒，弟子本來異常忿恨，立誓在三百天內絕不下雨，今天師父勸我們往善處走，弟子敢不從命？明天我們一定為他們降雨。」

第二天，曇超禪師來到臨泉寺，立刻派人告知縣令，準備好一艘大船，他要到江中念誦《海龍王經》。縣令大喜過望，隨即請一位僧人照辦。當禪師念到第二卷時，天空頓然烏雲密佈，大雨傾盆而下。

## 皈依

是指身心歸向它、依靠它。皈依三寶的人是佛教徒或稱佛弟子。「皈依」也可以寫成「歸依」，「皈」與「歸」的讀音和意義相同。皈依乃佛教徒之基礎入門。所謂內道、外道之差別在於有無皈依三寶。皈依為皈投或依靠之意，也就是希望投靠三寶的力量而得到保護與解脫。三寶指佛、法、僧：佛為覺悟者，法為教義，僧為延續佛的慧命者。

# 深入禪定，不落窠臼

凡夫學道法，唯可心自知，造次向他道，他即反生誹。諦觀少言說，人重德能成，遠眾近靜處，端坐正思惟。但自觀身行，口勿說他短，結舌少論量，默然心柔軟。無知若聾盲，內智懷寶寶，頭陀樂閒靜，對修離懈惰。

——道宣律師

曇倫禪師在十三歲時就出了家，皈依在端禪師門下。他聰明好學，端禪師很喜歡他。曇倫修習的工夫做得十分高深：有一次，僧眾們拜懺的時候，他隨即入了禪定；還有一次，他拿著一個缽盂往佛堂裏送飯，剛走到半路，站著便入了禪定。端禪師曾經對他說：「你將來教導學生，首先要解除他們的迷惑，就好像剝蔥一樣，要一層一層地剝下來，才能使你的學生恢復本性的光明純淨。」曇倫問道：「倘若學生沒有什麼好剝的，那又要剝些什麼呢？」端禪師說：「像這樣的人，根性如此低劣，就無需用剝蔥的方法去教他了。」

曇倫自從受戒以後，既不像別人那樣勤拜佛像，也不是常常誦經，每天只是躲在房內，誰也不知道他在做些什麼。寺裏的火工頭陀經常把稀飯剩菜倒給狗吃，他知道了便說：「狗自有牠吃的東西，稀飯不可以給牠吃。」第二天，火工頭陀又把稀飯拿來餵狗，曇倫知道了就去追問，火工頭陀不耐煩地說：「你怎麼這樣多事，誰看見我把稀飯倒給狗吃了？」話音剛落，就有一群狗跑

到他們面前，當眾將吞下去的稀飯剩菜全部吐了出來，使在場的人無不驚奇。

曇倫總喜歡躺在床上談禪，言詞清遠。有個叫僧燦的禪師，從很遠的地方跑來，探問他爲什麼非要如此，曇倫笑了笑說：「世間的一切，本來就是空無所有的，只要自己的本性清淨就行了，何必計較這些枝葉呢？」僧燦聽了，佩服得五體投地。

一日，曇倫身體有些不適，在莊嚴寺盤膝靜坐，好像快要圓寂的樣子。有人試著問他說：「你準備投生到什麼地方去？」曇倫說：「我準備到無盡世界去。」說罷，便閉上雙眼圓寂了。一個同門師兄走上前撫摸了一下他的身體，覺得屍首冰冷刺骨，就對寺裏的人說：「剛剛死去的人如果一下子就冷到了膝蓋，那就證明他已經墮入了惡道。」這時，曇倫忽然睜開眼睛，大聲說道：「惡道！一切本來是空無所有的，爲什麼還去計較它？」弟子們戰戰兢兢地問道：「師父涅磐後，法體該如何處置？」曇倫說：「我死了以後，把屍體佈施給野獸和飛鳥吃，讓我和牠們結結緣，其他的事就不要管了。」說完之後，便眞的圓寂了。

## 地藏王

地藏是佛教中一位願力深厚的菩薩，地藏菩薩名，因他安忍不動如大地，靜慮深密如秘藏故名地藏；又在密教其密號爲悲願金剛或稱與願金剛；在金剛界示現南方寶生如來之幢菩薩；在胎藏界則爲地藏院中九尊之中尊地藏薩埵也。此菩薩在釋迦牟尼佛滅渡以後，彌勒佛未生以前，擔負救渡眾生的重任。而且常救拔地獄眾生痛苦，以其曾發有「地獄未空，誓不成佛」之願，故以大願地藏王菩薩之稱。

# 魂遊地獄，向佛得生

如是故有鑒見照燭，如於日中不能藏影。二習相陳，故有惡友業鏡火珠，披露宿業對驗諸事。

——《楞嚴經》

．

唐朝時有個御醫名叫孫回璞，官銜殿中侍，濟陰人氏。在唐太宗貞觀十三年，跟隨皇帝的車駕往九成宮的三善谷去，他的家眷暫時住在丞相魏徵的隔鄰。有一次在二更的時候，忽然聽得門外有人叫他，於是他便起來，以為是丞相魏徵的命令，等到他出了大門，只看見兩個人對他說：「官叫你了！」孫回璞說：「我不能步行啊！」那兩個人即時把他的馬匹牽出來，給他騎上，於是他便跟隨著他們一同前往。他只看見天地光明，猶如白晝，心裏覺得很奇怪，但又不便說話。

那兩個人引著他出了三善谷，經過朝堂的東邊，又向東北方走了六、七里路，來到苜蓿谷。遠遠地看見另有兩個人押著一個官員，他仔細一看，認得是韓鳳方，那兩個押著韓鳳方的人，向孫回璞身邊的兩個人說：「你們錯了，我們押的才是呢！你們快把他放走吧！」於是這兩個引著孫回璞的人便把他放走了。孫回璞依舊從原來的路徑回去。所經過的道路還是跟剛剛所走過的一樣。不久，他便回到家裏，把馬匹繫好了，只見家裏的丫頭攔在房門口睡覺，叫又

叫不醒；一入房，看見床上還有一個孫回璞跟他的妻子同睡，他想要爬上床，但爬不上去，只得在南邊壁下站著，大聲地叫他的妻子，可是他的妻子也不應。那時屋子裏十分明亮，可以看見牆角有蜘蛛網，網中有兩隻蒼蠅，一隻大一隻小；又看見屋樑上面，有自己平日所放置的藥材。總之，家裏的東西都看得很清楚，只是不能爬上床去，心裏猜到自己可能已經死了！他很憂悶，恨不能跟他的妻子說一句相別的話，此時，只有倚著壁間，暫時休息一下，沒有多久便睡著了。

忽然一覺驚醒，原來自己已經睡在床上，當時屋子裏很黑暗，什麼都看不見。他叫醒妻子，點著了火，那時他流了一身大汗，在火光之下，他看見蜘蛛網與剛才所看見的並沒有什麼不同，又發現他所騎的馬也在流汗。到了天明，才知道韓鳳方果然於昨晚患急症死了。

到了唐太宗貞觀十七年，孫回璞奉命乘驛馬前往齊州醫治齊王的病。任務完畢，返回途中經過洛州之東的孝義驛，忽然有一個人來問他：「你是不是孫

回璞？」他說：「是的，我是孫回璞，為何這樣問？」那個人說：「我是鬼啊！因為丞相魏徵有文書請你當書記哩！」說過以後，把文書拿了出來，孫回璞一看，果然是鄭國公魏徵的親筆字。孫回璞吃了一驚，說道：「鄭國公還沒有死啊！為什麼派你送公文來呢？」那個鬼說：「他死了，他死了！他現在做太陽都錄大

監，是他叫我來請你的！」孫回璞招呼他一起食飯，那個鬼很感謝他。孫回璞對鬼說：「我是奉朝廷命令，任務還沒有完畢，鄭國公不該找我啊！待我回到京師，交代清楚再去不遲吧！」那個鬼就答就應了他。從此他們一人一鬼，晝則同行，夜則同宿，一路走到閿鄉（註：閿，河南省縣名），鬼說：「我先過關等候你。」於是孫回璞獨自一個過了關，而那個鬼早就已經在門外等著他，又一起同行。到了滋水，鬼對他說：「好了！我先走，等你公事辦完再相見了，只是你不要吃葷菜和五辛就好了。」孫回璞到了京師便去上朝，公事辦完了，便去拜訪鄭國公，原來鄭國公魏徵已經死了，他核對魏徵死的日期，果然就是他在孝義驛碰到鬼的前一日。他心裏想著，這一回自己必死無疑，於是跟他的家人告別，並且請僧人誦經拜佛，造佛像，抄寫經卷，如此過了六、七天。有一晚夢見那個鬼又來請他，帶著他登上高山，山頂有一座大宮殿，他進去看見魏徵等一班人出來迎接他，並且說：「此人修福，不能強留著他，放他回去吧！」說畢，馬上有人把孫回璞推下山去，於是他一覺驚醒，以後就平安無事。

### 奈河

佛教所說的地獄中的河名。《宣室志》第四卷對此有所記載：「行十餘里，至一水，廣不數尺，流而西南。觀問習，習曰：『此俗所謂奈河，其源出地府。』觀即視，其水皆血，而腥穢不可近。」因河上有橋，故名「奈河橋」。橋險窄光滑，有日遊神、夜遊神日夜把守。橋下血河裏蟲蛇滿佈，波濤翻滾，腥風撲面。惡人鬼魂墮入河中，就好似「銅蛇鐵狗任爭餐，永墮奈河無出路」。

# 聰明善伏，化及鬼神

譬如一燈入於暗室，百千年暗悉能破盡。

——《華嚴經》

安國寺有個善伏禪師，一生下來就是白頭髮，五歲時就落髮爲僧了。他聰明好學，讀書一目十行，而且過目不忘。唐太宗貞觀三年（西元629年），有個姓寶的刺史聽說他很聰明，就把他送進州縣裏的公費學館去讀書。他白天上學聽課，晚上研究佛家經典。過了一段時間，被學館博士知道了，就責罰他說：「你求學不專心，豈不是辜負了大人的期望？」善伏說：「我不過是用剩餘的時間研究佛法，有什麼不可以的呢？如果你不相信，任你考試好了。」於是，學館博士就將日間的功課拿來考他，善伏沒有一個字答錯，學館博士對他非常敬佩。

善伏禪師經常對鬼神說法，又爲他們授戒，還勸諫他們不要吃眾生肉。當時有個巫婆用牛羊肉來拜神，那些鬼神看見供桌上全是肉類，大發脾氣，把巫婆打得死去活來。臨走時還告誡她說：「我們已經在善伏禪師那裏受過五戒，從此改邪歸正，立下誓願，不吃眾生肉，妳不該又爲我們殺生。這一次姑且饒過妳，憐憫妳的愚蠢無知，下次倘若再殺生來做祀拜，絕不寬恕！」自從這件事發生以後，附近一帶的居民每逢祀拜，再也不敢殺害生靈了。

有兩個販賣麻繩的商人，用船載著麻繩去做生意，途中經過江邊的一座神廟，其中一個麻商用素食去拜神，另一個麻商在船上殺雞宰鴨拿來拜神。後來，那個用素食去拜神的，所有麻繩都乾燥結實，因此賺了很多錢；另一個用殺生去拜神的麻商，麻繩卻潮濕不堪，無人問津，連本錢都賠了進去。此時，江淮地區那些賣豬、賣魚、賣雞鴨以及宰殺牛羊的生意人，也接連虧本。義興縣令從來就不相信佛法，他認為善伏禪師妖言惑眾，聲稱要捉他到衙門裏治罪。

後來，多虧禪師的兄弟拿著錢買通了他，才避免了一起冤案。從此以後，義興縣令經常看見自己的繩床上有許多貓、狗在上面打滾；所睡的房間，不知從何處飛來成千上萬隻蚊子，聚蚊成雷，鬧得他心神不寧。沒過幾天，又被上司貶往常州，這時他才感到有些害怕，急忙找來相命先生占卦。占卦先生對他說：「你冤枉了賢人，罪大惡極所致。」他聽後，找到善伏禪師，恭敬地伏在禪師腳下，叩頭懺悔。

善伏禪師時常勸人要超渡死去的先人，他說如果不超渡祖先，祖先就無法

脫離苦海，將來就會墮落三途。他經常對人說：「山上若有玉石，草木自然蔥郁；水裏若有龍蛇，水源永遠不會乾涸。同理，如果你的住處常常恭敬三寶，則善根增長，福德智慧與日俱增。你常常居住在三寶的地方，久而久之，虎豹蛇蠍也會變成你的修行伴侶。其實禽獸蟲魚也有靈性，與人無異，因為牠們受過很多痛苦，如今一念覺悟，也會禮佛修行，以求脫離苦海。」

一天晚上，衡州所有寺廟的鐘鼓不打自鳴，叮叮咚咚的聲音響徹遠近。安國寺裏，善伏大德的禪房緊閉，眾人推開門一看，發現他已經坐化了。

## 當頭棒喝

佛教語，佛教禪宗和尚接待初學的人用棒迎頭一擊或大喝一聲的儀式。比喻促人醒悟的打擊或警告。出處宋·釋普濟《五燈會元·黃檗運禪師法嗣·臨濟義玄禪師》：「上堂，僧問：『如何是佛法大意？』師豎起拂子，僧便喝，師便打。禪宗認為佛法不可思議，開口即錯，用心即乖。所以，不少禪師在接待初學者，常一言不發地當頭一棒，或大喝一聲，或「棒喝交馳」提出問題讓其回答，藉以考驗其悟境，打破初學者的執迷，棒喝因之成為佛門特有的施教方式。

# 清風出袖，明月入懷

古人云：「死生亦大矣。」豈不痛哉！每覽昔人興感之由，若合一契，未嘗不臨文嗟悼，不能喻之於懷。固知一死生為虛誕，齊彭殤為妄作。後之視今，亦猶今之視昔。悲夫！

—— 王羲之 《蘭亭序》

智永禪師是南陳會稽人氏，俗家姓王，別字法極，是王羲之的第七代孫，書法得到王羲之的秘傳。他住在吳興永欣寺的樓上，天天臨帖，也曾發過誓說：「如果我的字寫得不好，誓不下樓。」他在樓上住了四十多年，寫過八百本千字文，分送給江東各處寺廟。他天天不斷練字，寫禿了許多枝毛筆，便把這些禿毛筆丟在大竹簍裏，漸漸便積滿了五大竹簍的禿毛筆，但是他很珍惜那些禿毛筆，把它埋在泥土裏，叫做「褪筆塚」。

智永在樓上埋頭練字，由於苦練，書法大有進步。所寫的字，筆力縱橫，正楷和草書都寫得非常好。人們評論說，他得到了王羲之的書法精髓。求他寫字的人越來越多，有的拿絹來，有的拿紙來，堆滿他的几案，他來不及寫，絹和紙擱在那裏太久了，便蒙上一層厚厚的灰塵。求他寫字的人依舊往來不絕，門檻被客人踏壞了，就用鐵片包裹起來，當時的人說他的屋子是鐵門限。晉穆帝永和九年（西元353年）三月初三日，王羲之和支遁、許詢等一班佛教徒遊

239

山陰的蘭亭，用鼠須筆在蠶繭紙上寫下《蘭亭集序》，寫得龍飛鳳舞，遒媚勁健，字字玲瓏。他在寫字的時候，趁著酒酣興濃，如有神助，後來他再寫許多本，都比不上初寫的這一本好，因此他自己對於這一本《蘭亭集序》的墨蹟非常珍惜。這一本墨蹟，一直傳到第七代孫智永禪師的手上。智永是王羲之第五個兒子王徽之的後人，王徽之也善於寫字。智永出家後，帶著這一本墨寶到寺院裏來，天天練習。在他臨死之前，把《蘭亭集序》眞跡傳給弟子辯才收管。

唐太宗很愛好王羲之的字跡，知道《蘭亭集序》是眞跡，在辯才老和尙那裏收藏，於是下了一道詔書，請辯才入京。辯才奉詔入宮，謁見唐太宗，奏道：「皇上召貧僧前來，有何吩咐？」太宗很殷勤地招待他，過了很久才說：「寡人召你來，爲了要查明《蘭亭集記》的眞跡。」辯才答：「從前我師父智永禪師圓寂的時候曾把它交給我，但是經過多年兵荒馬亂，早就失落了。」唐太宗聽了，無可奈何，只得讓他回去。但是唐太宗心裏放不下，明明知道辯才就是收藏著，偏偏又不肯承認。這一件事情被宰相房玄齡知道了，向唐太宗獻計，教他打發御史大夫蕭翼前往會稽雲門寺，設法盜取《蘭亭集序》的眞跡。蕭大夫是負責編撰國史的，他當然是無書不讀，而且善於談論，對佛教經典又有相當研究，於是他打扮成一個書生模樣，帶著一個書僮，假裝遊山玩水，往會稽去。他到了雲門寺拜見過辯才禪師，禪師見他是一個書生，便跟他攀談起來，竟然談得很投機，於是借宿雲門寺，日夜談經論史，讀書評畫，過了十多天，兩個人成爲很要好的朋友。

一次，蕭翼拿出王右軍的親筆字跡給辯才看，辯才看了說：「這是眞跡，

不過比不上我所收藏的《蘭亭集序》！」蕭翼聽了哈哈大笑，很驚訝地說：「《蘭亭集序》還在世間嗎？大師！你欺人太甚了！」辯才一本正經地說：「貧僧一向不打妄語，不信嗎？我拿來給你看！」蕭翼此時暗中歡喜。辯才說過之後，便進去把《蘭亭集序》拿出來，跟蕭翼兩人共同欣賞。辯才那時已經是個八十歲的老人了，但是他還是天天不斷練字，他認為蕭翼既是好朋友，所以練過字後，就把《蘭亭集序》留在書桌上，不再秘藏。過了幾天，

辯才出外赴齋，蕭翼趁此時機到書房來，小和尚見他是師父的好朋友，便打開辯才的禪室和書房請他進去，蕭翼對小和尚說：「我不坐了！只拿回我的幾幅字就走，明天再來。」於是他走進去，順手牽羊地把《蘭亭集序》一起帶走，匆匆忙忙地趕回京師，把蘭亭真跡獻給唐太宗。在唐太宗死後，《蘭亭集序》做了他的殉葬品，從此初寫蘭亭的真跡便隨著唐太宗的陰魂埋入昭陵塚裏，永不與後人相見了！

## 佛教的法器之朱傘

又稱朱蓋、朱柄傘、大傘。用油紙染上朱色而成。在舉行佛教儀式遊行等時，只有高階層僧人才許可被撐用，有人在其後打傘遮之，是由印度傳來的風俗。

# 銀裝素裹，奇花繞屍

修行人大忌，説人長短是非，乃至一切世事非干己者，口不可説，心不可思。但口説心思，便是昧了自己。若專練心，常搜己過，那得工夫管他家屋裏事？粉骨碎身，唯心莫動。收拾自心如一尊木雕聖像坐在堂中，終日無人亦如此！幡蓋簇擁香花供養變如此！讚嘆亦如此！毀謗亦如此！修行人常常心上無事，時時刻刻體究自己本命元辰端的處。

——盤山禪師

蒲州的仁壽寺有個釋道慧，俗家姓張，河東虞鄉人氏。他的思想高超，虛心待人，眼光遠大，處事又很會變通，雖然通曉三藏經典，但以《涅槃經》做爲常課。唐太宗貞觀二年（西元628年）十二月間，有人請他宣講《涅槃經》，他早已預知自己的圓寂之日，所以婉辭不去。邀請他的人不知道大師的用意，已經把講經會場準備好了，道慧無可奈何，只得隨順眾願。當他升座開講經題的時候，對四眾說：「我們去佛時遙，所以許多重要佛法無人知曉，而我所說的也不足以讓你們效法，只要大家以信心歸向，自當識悟。今天講經，只能講到某首偈語，不能多講，因爲我要走了。然而世事是無常的，我住世時間至此爲止，願大家用心修道。」於是他依照經文讀了一遍，剛剛讀到那首偈語，便失去知覺，在法座上無疾而終。

大師圓寂後，寺裏的眾僧把屍體送往終南山之北的王城谷，境內的善男信女，如喪考妣。當天晚上，大雪紛飛，將道路封堵。人們無法前行，只得把屍體停放在山嶺上。第二天一早，眾人發現屍體的四周環繞著五百多枝奇花，從地上湧出，看似凝冬花，但形相又有些不同。每朵有二尺高，鮮豔可愛。眾人看後無不驚奇，一時間悲喜交集。有人折下幾枝花，帶入城裏，插在花瓶內，直到第二年五月，都不曾萎謝。

後來有個獵人，本來是不信佛的，但他聽到這一件奇事，也來到山上尋找奇花。一連數日，都沒有找到，便跪地痛哭說：「您在世時不蒙開示，您圓寂之後我又找不到奇花，難道佛門真的與我無緣嗎？如果佛法有靈，請給我一點徵兆。」話音剛落，忽然從地上湧出了奇花，道慧端坐在花叢之上對他說：「眾生平等，只要虔心向佛，誰都可以得渡。」說完，人與花全都不見了。從此那個獵人不再殺生，變成了一個虔誠的佛教徒。

## 三藏

又作三法藏。藏，梵語pitaka，意謂容器、穀倉、籠等。指經藏、律藏、論藏。係印度佛教聖典之三種分類。據《大乘莊嚴經論卷·四述求品》載，藏，「攝」之義，即總攝一切所應知之意。若依覺音之說，則藏為「誦記」之義，即以誦誦之法而師徒口傳。另據《文殊支利普超三昧經卷》中載，藏為「器」之義，即容受所應知之一切教法之意。大眾部與其他部派在三藏之外另加雜藏（本生因緣等），犢子部另加咒藏（真言、陀羅尼）而成立四藏。法藏部另加咒藏與菩薩藏，大眾部之一說部另加雜集藏與禁咒藏，成實論加上雜藏與菩薩藏，六波羅蜜經加上般若波羅蜜多藏與陀羅尼藏，五者合稱五藏。此外，經藏與律藏二者，或聲聞藏與菩薩藏二者，並稱為二藏。

# 佛門法將，馴虎如貓

　　菩薩摩訶薩入一切法平等性故，不於眾生而起一念非親友想。設有眾生，於菩薩所起怨害心，菩薩亦以慈眼視之，終無恚怒。

——《華嚴經》

　　法向禪師是揚州海陵人氏，身高八尺，相貌魁梧，做人誠實、守信，從來不打誑言，答應的事情絕不反悔。他出生時腳底就長有一顆黑痣，看相先生說：「這孩子將來一定是個風姿颯爽的大將軍，可以建立一番轟轟烈烈的事業，名震四海。所謂腳踏三星，能使天下太平。」那個看相先生卻沒有料到法向在十六歲時就出了家，成了光大佛門的大法將。

　　法向禪師戒行精嚴，從來沒有絲毫的懈怠。一天，他在棲霞寺誦念《法華經》，忽然有所覺悟，於是就在棲霞寺的旁邊建築了一間法華堂，拜法華懺，一連拜了二十一天。法向集中精神，杜絕一切其他的念頭，得到許多不可思議的感應。

　　一次，他受大寧寺僧徒們的邀請，去那裏講經說法。當他靜坐修禪的時候，忽然喊道：「火呀！火呀！」寺裏的住持聽見後，急忙帶領眾人跑出門外，來到院中發現寺內平安無事，根本沒有失火。一連三天，法向禪師都大喊

有火，寺裏的人都埋怨他胡說八道，說他是個神經不正常的人，於是就把他送出了大寧寺。在他離去的第二天，賊黨縱火焚燒，整座大寧寺都化為灰燼。

他離開大寧寺後，來到一個村落，這個地方老虎橫行，人們深受其害。起初只是偶爾有人被老虎攻擊，村民並沒有特別重視，怎料老虎越聚越多，幾乎每天都有人葬身虎口。法向禪師聽到這件事後，就前來為村民打齋，消除災禍。正當鐘鼓齊鳴，香煙繚繞之際，居然有一隻老虎肆無忌憚地跑進齋堂，當眾銜走了一個村民。法向禪師連忙跑出堂外，對著老虎大聲喝道：「畜生，還不快快放下！大施主為你們打齋，你還敢來行兇？」說來奇怪，那隻老虎拍拍耳朵，搖搖尾巴，好像聽懂他的話似的，竟把銜在口中的人放了下來。接著一聲呼嘯，數百隻老虎從四方八面跑來。法向禪師不慌不忙，用錫杖輕輕地敲著老虎的頭說：「好好聽話啊！以後不許吃人了！」這群老虎點了點頭，一聲呼嘯，全都跑光了。

唐太宗貞觀四年（西元630年）的冬天，一日，法向禪師對他的弟子說：「我近來常常做噩夢，恐怕不久於人世了。我死之後，把我這個臭皮囊拋棄荒山，讓我與禽獸結緣。」過了數日，他洗漱完畢，換上新衣，面向西方盤膝打坐，無疾而終。

　　大乘佛教中正果分三等——最低阿羅漢，也就是「自了漢」，就是說自己明白佛法，但是無法普渡眾生。其次菩提薩埵，比羅漢高，可以渡人，但是沒有明白阿褥多羅三藐三菩提，所以還是比佛陀稍遜。　最高佛陀，是能普渡眾生的覺者。

# 托缽乞食，入定求雨

禪定者，外在無住無染的活用是禪，內心清楚明瞭的安住是定，所謂外禪內定，就是禪定一如。對外，面對五欲六塵、世間生死諸相能不動心，就是禪；對內，心裏面了無貪愛染著，就是定。參究禪定，那就如暗室放光了！

——《六祖壇經・坐禪品》

唐朝時的明淨禪師，從小就修習禪定，曾經在蒙山閉關修了數十年，在這一段期間，很少人認識他。

後來他遊歷到天臺山，每天都到村子裏托缽乞食，有時在路上碰到老虎，明淨就對老虎說：「老虎呀！你大概也餓了，我把乞來的飯分給你們吃吧！」說完，就把缽盂裏的飯分給了牠。如果缽裏的飯不夠老虎吃，他就用商量的口氣說：「今天乞來的飯實在太少，不夠你吃的，真對不起，請明天再來吧！」隔日，老虎又在同一時間出來乞食，能夠跟老虎結緣，明淨覺得十分快樂。

有一年夏天很久都沒有下雨，禾苗全部枯死了，當地的人民非常憂心，一個個哭天喊地。有些巫婆神漢，趁機吹噓自己能呼風喚雨，那些愚夫愚婦們因此被他們騙去了不少金錢。明淨禪師實在看不下去了，便找到當地的官員說：「請把這些妖言惑眾的巫婆神漢全部趕走，我有辦法求雨！」地方官聽後，照

辦不誤。於是明淨禪師就在一間靜室裏入定了七天，到了第七天，烏雲密佈，下了一場大雨，所有植物都生長起來，當地的人民感謝不已。

在貞觀三年的多季直到第二年的夏天，持續六個月之久滴雨未降，朝野上下，心急如焚。有個姓潘的侍郎得知明淨禪師會求雨，於是上奏朝廷，迎請明淨禪師解除旱災。

唐太宗聽後，龍顏大悅，立刻詔請禪師到京師來，並問他需要什麼東西，如何陳設。禪師說：「我什麼都不要，只願皇上重視三寶，七日之內必會下雨。如果皇上執意要酬謝我，請將國內凡是私自剃度的僧人，都讓他們皈依沙門，就足夠了。」禪師說過之後，就在莊嚴寺參禪入定。到了第七天清晨，他微微地睜開雙眼，向守衛的人說：「你們出去看看，西北方的天空有沒有白虹出現。」守衛的人出去不久，便喜出望外地喊道：「大師，有白虹！有白虹！」禪師笑了笑說：「大雨快要降臨了！」沒有多久，果然烏雲密佈，大雨傾盆而下，一直下到中午。滿朝文武百官都向皇上祝賀，而明淨禪師求雨之功卻被置之腦後了。

過了一段時間，天又大旱起來，新長出的禾苗重新枯萎在田裏。左僕射房玄齡親自來到明淨禪師的住處，請他求雨。明淨說：「上次皇上曾許願，讓私自出家的僧人如其所願，可是後來卻不能實行。欲使上天下雨，要靠帝王的威德，我有什麼辦法呢？」房玄齡回去後將此事奏上，唐太宗立即批准三千僧人正式出家。明淨禪師又按照原來的方法，靜坐七天，果然又下了一場大雨。

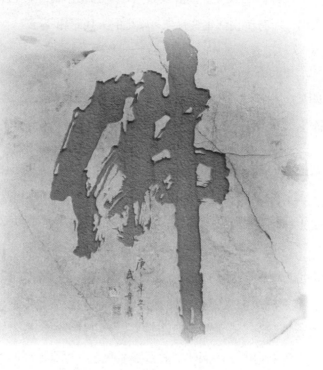

## 檀那

　　意譯為佈施，即給予、施捨之意。《翻譯名義集》卷一：檀那又稱檀越，檀即施；此人行施，越貧窮海，故稱檀越。心生捨法，能破慳貪，是為檀那。後引生為施主之稱。

# 堅心悟道，忽遇光明

世之最可珍重者，莫過精神；世之最可愛惜者，莫過光陰；一念淨即佛界緣起，一念染即九界生因，凡動一念即十界種子，可不珍重乎？是日已過，命亦隨減，一寸時光即一寸命光，可不愛惜乎？苟知精神之可珍重，則不浪用，則念念執持佛名。光陰不虛度，則刻刻熏修淨業。

——敬悟禪師

靜琳禪師在剛剛生下來的時候，有個梵僧來對他的父母說：「這個孩子天生一副高貴相，倘若出家，一定能弘揚佛法。」機緣巧合，他在七歲時就做了和尚。出家後，他在白鹿山隱居，山中沒有糧食，他依靠野菜、樹皮過活，如此經過了好幾年。他在定中總感到昏昏沉沉，妄想不斷生起。於是就攀上懸崖，盤膝坐在懸崖旁的一株大樹下，修習禪定。這樣做非常危險，稍一不慎就會滑下去，下邊是千仞深淵，一滑下去就會粉身碎骨，由此可見他的決心多麼堅定。從此以後，他心中所有昏沉、妄想都減輕了。

他聽說泰山上有許多靈異的事件出現，就慕名而去。一天晚上，他看見遠遠的一座高峰之上，有一團熊熊的火光。他循著火光向上攀登，一連走了數日才登上那座山峰，發現那團熊熊的火光，竟然不知去向，只看見五、六個比丘尼圍坐在一塊大石上，談經論道。他上前打了個招呼，也想參加這個法會，跟

她們談論唯識。可是這幾位比丘尼卻忽然間不知去向，他心裏怔了一怔，非常失望，但從此對佛法有了更深刻的瞭解。

他離開泰山後，來到了京師長安，朝廷裏的王公大臣都非常尊重他。在唐太宗貞觀十四年（西元640年）的秋天，他患了疾病，當時有個叫法常的和尚前來看望他，禪師說：「我不戀此生，不貪來報；緣集則有，緣散則無。我這個病甚為痛苦，因此就聯想到芸芸眾生有許多人跟我一樣，也是百苦交煎，使我十分難過。」不久，他便圓寂了。禪師死後，全身冰冷，頭頂卻還是熱的。火葬時，舌頭入火不著，有人試著把他的舌頭再放入火中，卻越燒越鮮紅。這證明了他在世之時，所說的法句句都沒有錯。

　　靜琳禪師在世的時候，有三個人相約要謀殺一位長者，其中的一人走到中途，悔悟過來，沒有參加，而是走到靜琳禪師那裏請求受戒。

　　事情過了許久，那個受戒的人忽然得了重病，只剩下心口還有一絲暖氣，家人才沒有把他埋葬掉。數日後，他竟死而復活，對家裏的人說：「從前那兩個行兇的人向閻王誣告我，說我也是兇手之一，閻王把我捉去，公堂之上，我大呼冤枉，便請靜琳禪師做個證人。靜琳禪師來到之後，真相始得大白，便放我回來。現在靜琳禪師已經生到金粟世界去了。」

**禪宗公案**

　　是禪宗在中國發展出的一個重要教學手段，什麼是公案？公案即是古代的「考題內容」，原來不一定是佛教的工具，但後來被祖師借用來考學生「佛法應用」。由於公案的故事情節是豐富多采，而它的含義卻是可以深參的，因此禪師喜歡透過講述公案情節，來考聽者的佛教修行功夫。進而對聽者的思維方式進行引導和分析，讓聽者有個參悟的空間。

# 通達禪師，大顯神通

二諦義者，不一亦不二，不常亦不斷，不來亦不去，不生亦不滅。

——《瓔珞經·佛母品》

通達禪師是雍州涇陽人氏，在三十歲那年出了家，他來來往往，沒有一定的行蹤。曾經來到太白山修行，並沒有攜帶糧食，肚子餓了就以野草充飢，夜裏倚著大樹休息。他經常在樹下坐禪，如是參究了五年之久。一次，他用木棍敲打巨石，巨石被打得粉碎，因而有所省悟。後來他前往律藏寺聽講《大乘經》，達到了心無執滯的境界。

通達禪師不論嚴寒酷暑，終年只穿著一身單服；腳上的一雙麻鞋，穿了三十多年還捨不得更換。唐太宗的左僕射房玄齡，知道通達禪師是一位有道之士，便以師禮招待他，請他到家裏居住。從此朝野上下對禪師都十分禮遇。通達禪師常常以蔬菜為食，甚至嚼野草也覺得甘美。有人拿瓜果供養他，他會連皮帶核一起吞下去，人們問他何以如此，他說：「施主送來的東西是不可以隨意拋棄的。」

禪師法力超群，能預知禍福。他如果是對來人笑容滿面，那個人一定會有可喜可賀之事；如果對來人愁眉苦臉，那個人必有災禍。一次，有人騎著驢子

從寺院外經過，通達禪師便向他行乞，那個人非但一毛不拔，還大肆辱罵佛教，剛走出不遠，所騎的驢子就死了。京師內外的人，無論富貴貧賤，對他極尊重，都來向他詢問吉凶。大將軍薛萬鈞十分仰慕他的神異，就把他請到自己的家裏供養，過了一百多天也沒有發現他異於常人的地方。於是，便對禪師冷落了下來，最後連飲食都時常斷絕。一天晚上，他忽然向薛將軍乞討東西吃，薛將軍不給他，他便苦苦哀求，薛將軍萬不得已，只好叫人給他拿來一個饅頭。

一天，他居然要走進薛將軍的內室住宿。內室裏有將軍的家眷，極不方便，但他一定要進去，將軍的兄弟一時興起，將他打得遍體鱗傷。通達禪師仰面哭著說：「你已經把我打成了這個樣子，血肉模糊無法見人，發發善心，讓我洗個澡吧！」一個年老的家人，看到他如此可憐，便替他燒好了一鍋沸騰的開水。正想往澡盆裏舀水，通達禪師突然脫得精光，一頭鑽進了鍋裏。老家人見狀，早就嚇得大聲呼叫，通達禪師卻在鍋內連聲呼叫：「趕緊添柴火！這裏的水太涼了！」薛將軍急忙趕來，帶領闔家男女老幼向禪師叩頭懺悔。從此，

薛家的人對他奉若神明。如果有人生了病，禪師就讓他們燒一大鍋開水，自己洗過之後，再讓那個病人洗，患者身上的病立刻就好了。

有一年遇到饑荒，米價飛漲，老百姓都買不到米吃，通達禪師卻讓寺廟裏的人為他打齋，並發出許多請帖。到了齋僧那一天，四面八方趕來赴齋的僧尼有一千多人，可是預備的齋飯卻少的可憐。知客僧急得團團轉，通達禪師笑著說：「不必著急，時間一到，貧僧自有安排。」到了吃飯的時候，來赴齋的人看見桌上只有幾碗飯菜，紛紛準備離開。正在這時，外面忽然駛來數十輛貨車，車上載滿了熱氣騰騰的齋飯。車上的人將齋飯一桶一桶地從車上搬下來，便揚鞭而去。誰也不曉得這些東西究竟是從哪裡來的，大家向禪師詢問，禪師卻笑瞇瞇地看著眾人，不發一言。

### 神通

這個名詞出現在多部佛經中，例如《楞嚴經》，指的是「通達事理的能力」。主要涵蓋有六種——天眼通：能見極遠方事物，或能透視障礙物（例如：牆）或身體；不受光源明暗影響。天耳通：能聽極遠方聲音，包括言語等；或能跨過障礙物聽到音聲（例如：密室對談）。他心通：能知眾生心念造作。參見心靈感應。神足通：能隨心遊歷極遠處，或過去、現在、未來三世，不受時空限制。宿命通：能知眾生的過去宿業，知道現時或未來受報的來由。漏盡通：「漏」即煩惱；能破除執著煩惱，脫離輪迴，意指修行證阿羅漢果。

# 寒山拾得，隱介藏形

寒山問拾得：「世間有謗我、欺我、辱我、笑我、輕我、賤我、騙我，如何處置？」拾得曰：「只要忍他、讓他、避他、由他、耐他、不要理他，再過幾年你且看他。」

——《寒山拾得問對錄》

唐太宗貞觀十八年（西元644年），即是玄奘大師從印度回國，中途經過于闐的時候，有三個佛菩薩來應化人間，一個是寒山子，一個是拾得，一個是豐干禪師，他們三人都隱居在天臺山上的國清寺。

寒山子原本居住在寒岩，時常到國清寺去，國清寺裏有個僧人叫做拾得，與他是最要好的朋友。拾得在寺院的齋堂擔任行堂，專門打理開飯、擦桌子和洗碗筷的工作，時常把僧眾吃剩的粥、飯、菜滓，收入一個竹筒裏，等到寒山子一來，便把竹筒交給他，讓他扛回去。

寒山子常年穿著一件破布衫，面容枯槁憔悴，頭上戴著樺皮冠，腳下拖著一雙大木屐。他的舉止瘋癲，行蹤不定，經常在寺院的長廊裏晃來晃去，不時地大叫：「快活呀！快活！」有時手指著虛空，沒頭沒腦地亂罵。寺裏的人有些討厭他，有人甚至拿起手杖追打他，寒山子一邊閃躲，一邊拍手大笑。

有個叫閭丘胤的大官，奉了皇帝的御旨要去台州做刺史。臨行時，忽然患了頭風病，疼得呼天搶地，請了好多醫生都無計可施。應當是他命中有救，有個叫豐干的雲遊僧人從國清寺來到他的府第，聲稱自己善於治療此種疾病。閭丘胤急忙請他醫治，只見豐干禪師拿起一杯清水，既不畫符，也不唸咒，只是含了一口清水，出其不意地向閭丘胤迎頭噴去，閭丘胤的頭風病從此就好了。閭丘胤急忙伏地拜謝說：「禪師，您真是天臺山上的聖賢僧啊！」豐干說：「我這點本領算不得什麼，有兩位真正的大德，你卻沒有發現。」閭丘胤急忙問到：「請大師明示。」豐干說：「假如你看見了他，你又不認識，等到你認識了他，他就不見你了。但是你若是真正要見他的話，就不能以貌取人，正所謂：『以貌取人，失之子羽。』我還是告訴你吧，寒山子就是文殊，拾得就是普賢，他們遁跡於國清寺，外表看起來卻像個貧子。」豐干說完，便辭別而去。閭丘胤也立即啓程，沒有幾天光景便到達台州。他到任後的第三日，就前往國清寺拜訪，向寺裏的僧人詢問說：「這裏是不是有個豐干禪師？寒山子和拾得在嗎？」住持道翹說：「有的，有的，我帶你去吧！」於是帶著閭丘刺史走到豐干的禪院，院子裏空無一人，只見四周佈滿了老虎的腳印。道翹說：「這個院子的前面是藏

經樓，晚上沒人敢到這裏來，這裏常常有老虎出沒。」閭丘刺史問：「豐干禪師在這裏做些什麼？」道翹說：「平日豐干禪師白天只是舂穀子，煮粥供眾；到了晚上，他整夜誦經或是唱歌。有一次，他騎著一隻老虎直入廟門，嚇得寺裏的人全都躲避起來。他騎在虎背上，怡然自得，一路行一路唱歌。」閭丘刺史聽了，不住地點頭嘆息。二人經過廚房，碰到寒山子和拾得正在火爐邊燒火。他們一邊燒火一邊放聲大笑。閭丘刺史恭敬地走上前去，叩頭禮拜，主持大爲驚奇，拉住閭丘刺史的袖子說：「大人啊！爲什麼要向瘋子叩頭呢？」話音剛落，寒山子便大聲喝道：「豐干是彌陀，你不識，拜我們做什麼？」拾得笑著說：「豐干多嘴！豐干多嘴！」說時遲那時快，他們便一溜煙似地跑到了寒岩，閭丘刺史在後面緊追不放。最後，發現他們竟然鑽進了石縫，轉眼間，那道石縫合在了一起。從此，寒山子和拾得再也沒有回到國清寺。

回過頭來說豐干禪師，他長得胖胖的，有七尺多高，身上只穿著一件布袍。頭髮不是用剃刀剃，而是直接用剪刀剪；額上的頭髮垂下來，與眼眉齊平，相貌顯得十分古怪。有人向他請教佛法，他只說：「隨時，隨時。」一天，豐干禪師在赤城路邊聽到有個小孩在啼哭，他循著哭聲去找，發現了一個大約三、四歲的孩子。豐干禪師起初以爲是牧牛人忘記帶走他，經過一番調查，才知道是個無家可歸、來歷不明的孤兒。豐干禪師把小孩帶回國清寺，交給典座僧收養，取名叫做「拾得」。過了幾年，拾得漸漸長大，寺裏有個僧人叫做靈熠，請求住持僧派拾得管理食堂的香燈。有一次，拾得的傻氣發作了，登上高座，跟佛菩薩像對盤而食，嘴裏還嚷著說：「你這個小果聲聞，沒出息！」他當時視若無人，還拿起筷子哈哈大笑，寺裏的人看到他如此荒唐，就

要將他趕走。靈熠又向住持僧討個人情，改派他去廚房洗碗筷，故此他與寒山子便有了粥飯因緣。國清寺裏有一間護伽藍神廟，當人們入廚做工的時候，食物往往被烏鴉們啄走，還留下東一堆西一堆的鳥糞，弄得一塌糊塗。拾得見了豎起眉頭，拿起手杖，狠狠地打了神像幾下，嘴裏大聲罵道：「你連食物都不能保護，還護什麼法？」這一晚，全寺的僧人都夢見護伽藍神向他們訴苦：「拾得打我！拾得打我！」到了第二天，大家談論起來，才知道人人都做了相同的夢，全寺的僧人莫不驚奇，這才瞭解拾得不是一個凡人。

有一次，拾得去田莊牧牛，他騎上牛背悠閒地唱著歌，突然發現寺裏的人正在舉行布薩禮，於是就把牛群趕到僧人聚集的堂前。他靠著門邊，拍掌大笑，嘴裏嚷道：「做了和尚就應該認真修行，那些死去的僧人，食了寺門的千家飯，反而不肯修行，悠悠忽忽地浪費日子，他們對不起寺門，也對不起施主。如今死後投胎做牛，還要為寺門服勞役，這不是現眼報嗎？」首座和尚指著拾得罵道：「你這個瘋子，怎得大聲喧嘩，搗亂我們的布薩禮呢？」拾得說：「那麼，我不放牛了！這一群牛大多都是寺裏的應赴僧。」他說完，接連叫出亡僧的法號，每叫出一個僧名，就有一頭牛「哞」的一聲答應下來。大家十分震驚，發心修行再也不敢懈怠了。

清雍正十一年（西元1733年）時，封天臺寒山大士為「和聖」、拾得大士為「合聖」，於是，寒山、拾得這「和合二仙」又作「和合二聖」。舊時常有懸掛和合二仙圖於中堂者，取諧好吉利之意；又常於成婚時懸掛，象徵夫妻相愛。

# 援毫掣電，隨手萬變

懷素書法如壯士撥劍，神采動人，而迴旋進退，莫不中節。

——米芾《海嶽書評》

　　懷素是唐朝時一個大名鼎鼎的書法家，他是長沙人，俗家姓錢，別字叫藏真，是玄奘三藏法師的弟子。他對於律部很有研究，喜歡寫字，可是他的家裏很貧窮，沒有錢買紙來練字，於是他就在所住地方栽種了一萬多株芭蕉，綠蔭密佈，因此把所住的庵取名為綠天庵。他把芭蕉葉採下來當作紙，既適用又不花錢。可是光努力練字，並不能成為名家。

　　一天傍晚，他仰頭看見天空之中，夏雲在天際中隨風飛舞著。雲捲雲舒之際，他領悟到了寫字的筆法，從此以後，他的草書寫得飛騰奔

放，圓轉自如，深得草書的三昧。草聖張旭善寫狂草，繼張旭以後的懷素，人們稱他為狂僧，他寫草字的時候要藉酒來助興，喝了兩杯，走筆揮灑，所以筆勢像狂風驟雨，奔放無比。

在長安懷素聲譽青雲直上，歌頌他草書的詩篇有37篇之多。他的草書有《自敘帖》、《苦筍帖》、《食魚帖》、《聖母帖》、《論書帖》、《大草千文》、《小草千文》、《四十二章經》、《千字文》、《藏眞帖》、《七帖》、《北亭草筆》等等。其中《食魚帖》極為瘦削，骨力強健，謹嚴沉著。而《自敘帖》其書由於與書《食魚帖》時心情不同，風韻蕩漾。眞是各盡其妙。

懷素晚年是在四川成都寶國寺生活的。他是東塔律宗的律師。與法礪律師的「相部律宗」、道宣律師的「南山律宗」鼎立為三大律師。

劉熙載曾言：「張長史書悲喜雙用，懷素書悲喜雙遣。」「遣」即排遣，張旭的草書熱情澎湃，懷素的草書則是摒除情感的玄意揮灑的。書法中有一種風格叫「瘦硬」。瘦硬是一種與「豐潤」相對應，畫瘦而質硬的風格。它給人貌清氣健、骨重神寒的感受。漢隸《禮器碑》歷來被奉為瘦硬美的傑作，在唐代草書中，如果說張旭書法的風格偏重於豐肥，那麼懷素的作品則偏重於瘦硬。

# 懶殘煨芋，慧眼識金

大靜之音 、大寂之喧 、大素之豔 、大拙之巧， 大悟無語、 大愛無言、大悲無淚 、大笑無聲。

——佛家禪語

湖南衡山有個僧人名叫明贊禪師，是衡嶽寺的執役僧，他把人家吃剩的東西收拾起來自己吃，他很懶惰，因此有人送他一個外號叫做懶殘。懶殘白天負責全寺的工作，晚上就跟牛群睡覺，如是者二十年來沒有厭倦。

有個讀書人名叫李泌，在衡嶽寺讀書，他認為懶殘不是一個普通的僧人。晚上聽他所唱的梵音響徹山林，誦經的聲音，起先很悲切，後來又很和悅，因此估量他可能是個天人謫落人間，待宿業消除淨盡，不久便會返回原位。於是就半夜悄悄地去拜見懶殘，隔著一扇席門，說出自己的姓名後，便向懶殘頂禮。懶殘一邊罵，一邊仰空唾地說：「你想害死我嗎？」李泌更加恭敬，只是向他頂禮。這時懶殘正在煨芋，手拿著火箸去撥乾牛糞的火灰，露出燒熟的芋頭來，經過很久才說：「好，好！你來吧！」李泌方才進去，坐在地上。懶殘把自己啖過的芋頭分一半給李泌，李泌收下，把半個芋頭吃完，向他道謝。懶殘說：「不要多說話了，且向這裏領取十年宰相的滋味吧！」李泌又拜了一拜，然後辭退。

　　到了唐肅宗至德元年（西元756年），李泌做了長史，代宗時，朝廷又兩次徵召他做官。到了德宗貞元二年（西元786年），他果然做官做到宰相，不過他只做了四年宰相，於貞元五年便死了。

　　衡州刺史想祭祀衡山，事前需要修築道路，時間急促，半夜裏忽然風雷大作，其中有個山峰倒塌下來，沿途的山路都被大石塡塞了。刺史使人用繩索繫縛住石頭，用十隻牛來拉扯，又派出數百人在後面推，人和牛都困倦極了，大石頭卻沒有移動。正在一籌莫展的時候，被懶殘看見了，他毛遂自薦地說：「我不要別人幫助，自己來試試看。」那些工人聽後笑得前仰後翻，都以爲他是個瘋子。懶殘說：「不要看輕我，讓我試試看！」於是他走到大石頭上，大石果然轉動，轟隆一聲，便滾下山去，山路因此被他打通了。那些工人和寺廟裏的僧人都向他叩頭禮拜，從此衡州一郡都尊他爲大聖人，刺史更是奉若神明。一日，寺外來了一大群虎豹，懶殘說：「拿鞭子給我，待我把牠們趕走。」寺裏的僧人以爲幾千斤的大石頭尙且可以移動，何況虎豹，懶殘當然是可以制伏的。僧人給他一根荊刺杆，可是當他一出大門，就有一隻老虎把他銜去了，以後這個地方再也沒有虎患了。

## 菩薩

　　是梵文音譯「菩提薩埵」的簡稱。其「菩提」漢譯是「覺悟」，「薩埵」漢譯是「衆生」或「有情」（一切有感情的動物），全譯應是：「覺有情」，「道衆生」，「覺悟的衆生」之意。根據這個詞意，中國古代翻譯的佛經中，還把菩薩譯爲「開士、大士、聖士、法臣」等名稱。如把觀音菩薩稱爲「觀音大士」，把普賢菩薩稱爲「普賢聖士」。

# 聰慧忠貞，不畏強權

子等歸向極樂，全須打得一副全鐵心腸，外不為六塵所染，內不為七情所錮，污泥中便有蓮花出現也。

──清‧彭際清居士

唐朝時，越州諸暨地方有個慧忠禪師，俗家姓冉，從小就聰明好學，不但讀通了訓詁，窮究過經論，而且能深入禪定，後來成為一代宗師。那時天下大亂，流寇蜂起，忠禪師所住的地方是南陽白崖山黨子谷，他四十多年不曾下山，後來黨子谷被流寇佔據了，他的弟子們都請他搬家，暫時迴避一下，可是忠禪師卻搖搖頭，不採納弟子們的意見。等到流寇真正到來，把刀架在脖子上的時候，他還是鎮靜如常，不向流寇屈服，流寇見他是一位不怕死的奇人，便慌忙丟下刀劍向他叩頭禮拜，同時皈依了他。一次，又有大批流寇要來，忠禪師對弟子們說：「喂！你們趕快走吧！這一次不比上次了！」說完，拿著錫杖沿著江邊一路走去，這一次堅持不逃難的人果然被流寇殺光。

唐肅宗上元二年（西元761年），肅宗皇帝迎請忠禪師入朝，居住在千福寺西禪院，並以師父之禮供奉他。忠禪師有時跟他談論唐堯、禹舜以及歷代聖賢的事蹟，肅宗皇帝聽他講得頭頭是道，不覺肅然起敬，認為他是當代的一位大聖賢，從此以後，叫人用轎子抬他入朝。皇帝和忠禪師寸步不離，朝夕親近，

忠禪師對百官以及平民，無不循循善誘，和藹可親。漸漸地，朝野人士都拜他爲師，親近他的人越來越多。

　　到了代宗皇帝的時候，待他越加敬重，請他住在光宅伽藍，尊爲國師。有一次，代宗皇帝召請忠國師入朝，並且引進一個太白山人跟他相見，代宗皇帝說：「這個人頗有一些見識，請國師跟他談談。」忠國師朝著那個太白山人看了幾眼，輕輕地問道：「你擅長什麼？」太白山人說：「我不但能識山、識地、識字，而且善於算術！」忠國師問：「請問你所住的地方，是雄山還是雌山？」太白山人被他這一問，茫茫然不知道怎樣回答，忠國師說：「你能識地嗎？」這一次，太白山人自信的答道：「是的！我能識地。」忠國師舉起手，向殿上的地指了一指說：「這是什麼地？」太白山人推算不出，只好答道：「請容弟子推算後，才能回答。」於是忠國師又在地上畫了一畫，問道：「這是什麼字？」太白山人理直氣壯地回答道：「是一字嘛！」忠國師聽了，笑了笑說：「土上加一畫，分明是個王字，你怎以爲是一字呢？」忠國師又問道：「你識數嗎？」太白山人答：「是的，我善於數學。」忠國師笑著問：「三七是多少？」太白山人很不滿意地說：「國師！你跟我開玩笑嗎？三七二十一，小孩子也曉得呀！」忠國師笑道：「不是我玩弄山人，而是山人玩弄貧僧，三加七，分明是十，爲什麼你說二十一呢？」接著忠國師又問道：「你還有什麼技能呢？」太白山人聽了，紅著臉說：「弟子縱然還有其他的技能，也不敢在國師面前賣弄了！」忠國師臉色一沉，嚴肅地對他說：「你原本就沒有什麼才能，只不過是向人家賣狂而已！」於是忠國師便對代宗皇帝說：「這個人問山不識山，問地不識地，問字不識字，問算不識算。陛下！什麼地方得來這個懵

懂漢啊？」代宗皇帝驚異忠國師的辯才，從此更加尊敬不已。

後來，西域來了一個大耳三藏，自謂已經得到他心通，能知道別人的心念。代宗皇帝召見他，又請忠國師考考他，忠國師問：「你已經證得他心通嗎？」大耳三藏說：「不敢！不敢！」於是忠國師問道：「現在老僧在什麼地方？試試看！」大耳三藏說：「和尚是一國之師，為什麼竟到天津橋上看猴子戲？」忠國師說：「對，對！你看中了！你再看老僧現在又往哪裡去？」大耳三藏說：「和尚是一國之師，怎麼又往西川看龍舟呢？」忠國師說：「對！又被你看中了！回過頭再看看我在哪裡？」於是大耳三藏沉下頭，想了很久，摸不著頭緒，忠國師大喝一聲道：「你這野狐精，他心通往哪裡去？」此時三藏法師只有低下頭，默默無語，因為剛才忠國師入了無相三昧，即是入了一切皆空的禪定，所以大耳三藏無法找到他。

一次，代宗皇帝在便殿閒坐，皇帝問魚朝恩：「朝恩，你也懂得佛法嗎？」魚朝恩本來就不懂得佛法，如今被皇帝一問，答又答不出來，只得向忠國師請教，什麼是無明？無明從什麼地方生起？忠國師還沒有回答他，轉向代宗皇帝搖搖頭說：「唉！佛法！佛法！現在已經出現衰相了。」代宗皇帝很

驚異地問：「這話怎麼講呢？」忠國師說：「可不是嗎？連奴才都自稱懂得佛法了。」他這一句話，把一向驕橫的魚朝恩氣得怒從心中起、惡向膽邊生，睜大雙眼，正要發作的時候，萬萬不料忠國師卻指著他笑了笑說：「哪！哪！這個就是無明啦！」這時的魚朝恩，真是氣得啼笑皆非，便大聲地說：「有人說你已經證得佛果，這句話可靠嗎？」忠國師說：「我聽到有人說你是天子，這話正確嗎？」魚朝恩聽了，急得伏地叩頭說：「死罪！死罪！朝恩怎麼是天子呢？」忠國師說：「照這樣說來，我也不是佛呀！」魚朝恩又問：「那麼，國師是不是想永遠做一個凡夫而不願成佛呢？」忠國師答：「我何必成佛呀！你姓什麼？」魚朝恩說：「我姓魚！」忠國師說：「假如我以後成佛，名字當然不會叫做慧忠，你以後做天子時，姓不姓魚呢？」魚朝恩聽了，又伏地請罪道：「死罪！死罪！朝恩之後再也不敢跟國師談論佛法了！」這時忠國師對皇帝笑著說：「這個奴才，真是貪生怕死呀！」原來魚朝恩雖然是一個太監，在當時卻是炙手可熱，權傾中外，氣焰萬丈，甚至郭子儀都要吃他的虧，然而忠國師不過是一個貧僧，卻把他玩弄於股掌之中，使得他無地自容，真可以為唐一代的忠臣出了一口怨氣！

## 四大天王

東方持國天王：梵文Dhritarastra。「持國」意為慈悲為懷，保護眾生，護持國土，故名持國天王。南方增長天王：梵文Vidradhaka。「增長」意為能傳令眾生，增長善根，護持佛法，故名增長天王。西方廣目天王：梵文Virapaksa。「廣目」意為能以淨天眼隨時觀察世界，護持人民，古名廣目天王。北方多聞天王：梵文Vaisramana。又名「毗沙門」、「多聞」以福，德知名聞於四方。

# 魚籃觀音，下界傳法

念阿彌陀佛，正覺圓滿之名；觀極樂世界，清淨莊嚴之相；如此滯著，只怕未能切實；果能切實，則世間種種幻化妄緣，自當遠離。

——悟開禪師

唐代宗元和十二年，陝西省的金沙灘附近，有一個年輕貌美的女子，手裏提著一只魚籃，籃裏有幾條鯉魚。她的聲音嬌脆，沿街叫著：「賣魚唷！賣魚唷！」街上有一戶人家，家裏有個大書房，書房內有三十幾個讀書人，正當他們在飲酒賦詩的時候，忽然聽到賣魚的嬌聲，大家都走出門外去看，看見一個非常豔麗的小家碧玉，於是藉著買魚的話頭，跟她勾勾搭搭，每個人都想娶她為妻。那個美女說：「誰可以在一個晚上之內背得出《普門品》，我就嫁給誰！」於是那一班讀書人，個個都抄著《普門品》，連夜誦背。到了第二天，賣魚的美女又沿街賣魚。到了那一家讀書人的門外，所有讀書人，能夠背得出《普門品》的，共有二十多人。美女說：「我一個人怎能嫁給你們二十多個人呢？這樣吧！再限一晚的時間，哪個能夠背得出《金剛經》的，我就嫁給哪個！」到了第三天，那一班讀書人之中，也有十多人能背出《金剛經》。美女說：「這樣還是不行，如今只好再限三日時間，誰能夠背得出《法華經》，我就嫁給誰！」過了三天，只有馬氏子能背得出《法華經》，這時美女已無話可說，只好準備做新娘子了。

到了迎親的那一天晚上，所有讀書人都來馬家鬧新房，都說馬家郎豔福不淺。那個美麗女子，在大喜日子打扮得如花似玉，好像天女下凡的樣子，正是「回眸一笑百媚生，六宮粉黛無顏色」。這時闔家都喜氣洋洋，怎曉得正在鬧新房的時候，美麗的新娘子忽然死掉了，連她的屍體也很快就腐爛掉了，臭氣熏天，立刻就出喪送殯。沿途中，迎面來了一個老太婆。老太婆問道：「你們要去哪裡呢？」送殯的人說：「送馬郎婦出喪去！」老太婆說：「她是觀世音菩薩啊！哪裡有什麼馬郎婦？」於是馬氏子打開棺蓋一看，棺裏只有一把黃金鎖子，並沒有屍體。回頭一看，那個老太婆也不知去向了。那天是二月十九日，這就是二月十九觀音誕辰的由來。

《金剛經》

是佛教重要經典，全名《金剛般若波羅蜜經》。金剛指最為堅硬的金屬，喻指勇猛的突破各種關卡，讓自己能夠順利的修行證道；般若為梵語妙智慧一詞的音譯；波羅意為完成（舊譯：到達彼岸）；蜜意為無極。全名是指按照此經修持能成就金剛不壞之本質，修得悟透佛道精髓智慧，脫離慾界、色界、無色界三界而完成智慧（到達苦海彼岸）。

# 斷指明志，求得真言

須信娑婆實實是苦，極樂實實是樂，深信佛言，了無疑惑。

—— 印光法師

　　唐朝時有位釋代病，俗家姓陳，是天臺附近人氏。當他出世的時候，整間屋子裏都有五色祥光，鄰里的人覺得很奇怪。到了他七歲的時候，父親去世了，代病痛哭到幾乎發狂，便向母親請求出家。但是他的母親已經失去了丈夫，留下一個孩子，正如她的命根，怎肯讓他出家？代病得不到母親的許可，於是砍斷一隻手指以明志，所有親屬們只有勸請他的母親順從他的志願，結果便把他送到國清寺去。

　　過了幾年，受過戒，學足法，於是遊方參學去。到了河陽地方，因為天旱，他為當地的人民求雨，按照佛經所載的方法繪成八幅龍王像，掛在道場，搖鈴擊鼓，念動真言，然後把龍王像丟入河裏。

　　當地的人看見那些畫像，有些沉入水中，有些浮起來；又仰視天空之中，竟有一線浮雲，逐漸佈滿虛空，剎那間，大雷大雨並起。這一場大雨，使千里遠近的田野所需的水都夠用了，從此很多人都尊重他。在三城這個地方，一向有暴風雹，把禾苗、城廓都砸壞了，當地的人都說是毒龍為害。自從代病到了

此地，也為人們誦念真言，以後好幾年都沒有再發生冰雹之禍，故此人們為他建築一間祠堂，好像生祠一樣。

到了唐代宗大曆元年，代病遊過太行山和霍山，又到深山裏去，搭起一間茅蓬居住。有人偷他的鉢盂，走到半路時，就遇到兩隻老虎擋住小偷的去路，剛好代病從對面走來，那個小偷只有向他叩頭懺悔，代病勸誡他一番後，又撫摸老虎的頭，老虎也被他降伏了。

他所住的山中有一間山神廟，當地的人都說山神非常靈驗。代病走進山神廟裏，勸令山神受三皈依，戒絕肉食，當他一邊說話時，山神像一邊點頭，從此附近的善男信女便越來越多。

那時也有人記恨代病，將毒藥放入酒裏，買通一個貧女，把毒酒送給代病，但代病早已經知道了。當貧女遞上毒酒的時候，貧女說：「我們家裏有美酒，拿來供養和尚，求和尚笑納，並為

我們賜福。」代病說：「好！好！妳也是個佛子。」貧女此時恐怕和尚反把毒酒施給她飲，便把實情和盤托出，可是代病不但不怪罪她，而且不怕毒酒，居然拿起酒杯，一杯一杯的喝下去，酒的毒氣從雙腳直下，流淌在地上，連地皮也為之崩裂，而代病竟毫髮無傷。當地的人不但親眼看見，就連聽聞這件事的人，亦莫不驚奇。

汾隰以及西河一帶的人民，若是有病去請求醫治，飲過他的淨水後，無不痊癒。到了唐德宗貞元年間，他疊起兩腳便圓寂了。

## 和尚

原來是從梵文這個字出來的，它的意思就是「師」。和尚本是一個尊稱，要有一定資格堪為人師的才能夠稱和尚，不是任何人都能稱的。這個稱呼並不限於男子，出家女眾有資格的也可以稱和尚。和，為三界統稱，尚，乃至高無上的意思，「和尚」之稱華藏世界只有釋迦能稱得，但後世卻把比丘都稱為和尚了，也許是因為釋迦涅槃之後，在世比丘為世間第一福田的緣故吧！

# 佛心慈容，禪中宗主

人法雙淨，善惡兩忘。真心真實，菩提道場。

——惠忠禪師的安心偈

　　唐代宗時有一位高僧叫做惠忠禪師，他是潤州上元人氏，俗家姓王，二十三歲的時候在莊嚴寺出家。他聽說威禪師有道行，於是特地去參拜他。威禪師一看見惠忠就說：「呵！山主來了！」他們兩個一問一答之間，惠忠便領悟到禪的要旨，又跟隨他修學幾年，然後即往各處參學去。當他離開具戒院的時候，有一株凌霄藤枯萎了，院內的人想要砍斷這株凌霄藤，威禪師說：「不要砍！等惠忠回來，它還會復生的。」後來惠忠回來，具戒院那株凌霄藤果然又繁榮起來，於是威禪師就把這座山門傳讓給他，自己走到延祚寺去。

　　惠忠禪師平生只穿著一件綿衲，一生沒有更換過，所用的器具也只有一個鐺。有一次，有人供養僧穀兩倉，便引來那些壞人偷穀，但是穀倉門口時時有老虎看守。當時有個縣官名叫張遜，到山頂來拜見惠忠禪師，他問道：「禪師！你有幾個弟子？」惠忠說：「有三五個。」張縣令說：「那麼，何以我不曾看見呢？」惠忠敲敲禪床，就有三隻老虎從床下哮吼而出，張縣令因此嚇了一跳。後來很多僧人請他入城住在莊嚴寺。惠忠要在佛殿的東邊再建築一間佛堂，這個位置原本有一株古樹，樹上有很多鵲巢，工人將要砍樹的時候，

惠忠對著樹上的鵲說：「鵲呀！這裏要建築佛堂，你們何不快快搬家呢？」他說過以後，所有的鵲都遷到其他的樹上。當他要建地基的時候，忽然有兩個神人替他勘定佛堂的四角，又暗中幫助他，所以很快就把佛堂建築完成，從此，四方求佛的人都到他的座下來。他的得法弟子有三十四人，後來分往各處弘法。

唐代宗大曆三年（西元768年）六月，石室前面的藤樹忽然枯死；到了大曆四年六月十五日，當惠忠召集僧人舉行布薩禮的時候，他叫侍者幫他剃過頭髮，洗過澡，到了夜間，有五色祥雲覆在精舍上空，空中又有天樂的聲音，第二天他就坐著圓寂了。那時大風大雨吹折了許多樹木，只有白虹一道射入山岩。大曆五年二月舉行火葬，撿得舍利不計其數，世壽八十七歲。

## 比丘

男子出家進入佛教教團，受具足戒且滿二十歲以上的修行僧。原語是由梵語「求乞」的動詞轉化而來的名詞，意指托缽僧。中國將此字音譯做比丘、苾芻等；意譯做乞士、除士等。在印度，一般稱出家以後遊歷各地者為遊行僧，或稱沙門。

在印度，比丘或沙門必須遵守一定的戒律，護持三衣一缽，乞食自活，住於阿蘭若處，少慾知足，離諸世俗煩惱，精進修道，以期證得涅盤。

# 遇潭即止，普施佛子

悲哉眾生！慾念未除，道根日壞。佛之視汝，將何以堪？

——清·彭際清居士

禪門中有個很有名的溈山靈佑禪師，他姓趙，福州人。小的時候，有一次在庭前遊戲，忽然看見天空中出現一團瑞氣和祥雲，又聽到美妙的音樂，同時四處都芬芳撲鼻，左鄰右舍的人們都來爭看，十分稀奇，但不曉得是什麼原因。正在這時，不知從何處來了一個老人，對靈佑家的人說：「天空的瑞相，是專爲表明你家的孩子將來必定成爲一個佛門的重要人物，佛法靠他得以發揚

光大！」老人說罷，便在靈佑的頭頂上輕輕彈了幾下，然後飄然而去。

靈佑出家受戒之後，有一次前往天臺山，在路上遇到寒山子，寒山子對他說：「千山萬水，遇潭即止，得無價寶，普施佛子。」靈佑聽了他的幾句話，似懂非懂，邊行邊唸，不久便到了國清寺。在寺門

口又遇到普賢菩薩化身的拾得大士，拾得也對他說出跟寒山子同樣的幾句話，因此，他就決意前往溈潭求見大智禪師，後來他果然在溈潭座下，開悟了無上的大乘佛法。

在唐憲宗元和末年，他在往長沙的途中，看見大溈山的風景很有靈氣，正是適合佛家修行傳法的地方，於是就在這座山中搭起茅蓬住下來。這座山一向是惡獸縱橫，人煙絕蹤，不知有多少虎豹豺狼藏著。可是自從他到了此山，所有猛獸都跑得遠遠的。他的糧食是橡栗子，以橡栗子充飢。後來被山民發現，彼此宣傳，越傳越遠，四處慕名而來皈依的人不計其數，於是這裏便成為佛教史上有名的溈山道場。而靈佑禪師也成為眾所周知的溈山祖師。

**涅槃**

梵語nirvana的音譯，意為「滅度」、「寂滅」等。或從梵語Parinivana意譯為「圓寂」。「涅槃」是佛家修證的最高境界。簡單地說，「涅槃」就是經過修道，能夠徹底地斷除煩惱，具備一切功德，超脫生死輪迴，入於「不生不滅」。如《涅槃經》卷四所說：「滅諸煩惱，名為涅槃；離諸有（指生死）者，乃為涅槃。」後稱僧人逝世為涅槃、圓寂。修學佛法最後的歸趣在求證涅槃，那麼學佛修行的人，應當要徹底明白它，不可輕易忽略它。

# 雲在青天，水在淨瓶

練得身形似鶴形，千株松下兩函經；我來相問無餘說，雲在青天水在瓶。

——唐·李習之

　　與韓愈同時的，有個李翱，別字習之，於唐憲宗元和年間中了進士。他做官做到國子博士兼史館撰修，也曾做過朗州刺史。在刺史任內，因仰慕藥山惟儼禪師，屢次派人去請禪師，但禪師不肯下山，於是他只有親自入山。當時禪師正手執經卷，不理會他。禪師的侍者說：「師父！李刺史在這裏呢！」藥山聽了，還是沒有答話。李翱這個人，性情很急躁，馬上說：「見面不似聞名！」說罷，便拂袖要走。禪師說：「刺史！刺史！何得貴耳而賤目呀！」李翱便拱拱手與禪師招呼。李翱問：「什麼是道？」禪師望他一眼，以手向上指一指，又向下指一指面前的淨瓶，禪師問：「懂得嗎？」李翱說：「不懂！」禪師說：「雲在青天水在瓶嘛！」李翱又問：「請問什麼是戒、定、慧？」禪師說：「哈哈！貧僧這裏沒有這些閒家具！」李翱聽了，不曉得他的意思。禪師說：「刺史要保任此事，需向高高山頂立，向深深海底行，閨閣中的東西捨不得，終爲滲漏！」李翱聽了，以他的聰明，大概領會了吧！後來宋朝的宰相張商英，把這一件公案做了一首詩批評說道：「雲在青天水在瓶，眼光隨指落深坑；溪花不耐風霜苦，說什深深海底行？」

照這首詩的意思是說：李翱不曉得什麼是道，道最要緊的是遠離愛慾，李翱身居顯貴，做了刺史，富貴榮華都齊全了，他的家裏有幾位美麗的姬妾，有了美麗的姬妾，不免在淫愛的圈子裏打滾，念念被色情愛慾所束縛，這樣便離道太遠了。所以藥山一看見他便說：「雲在青天水在瓶」，雲與水，本來就是一個東西，但何以會變做雲呢？雲是輕清的，輕清的才會上升，若是重濁的就變爲水，變爲水後只有降下而爲江河，充其量不過是放入瓶子裏而已──這個就是道。愛慾問題不解決，便會萬劫沉淪。當時的李翱聽了藥山這一句話，懂得沒有呢？只是他的詩才敏捷，一下子就把這一句禪語運用到詩的這方面去。詩確是好詩，只恐怕還沒有領會它的深意吧！

有一晚，藥山禪師走到山上去，那時天空之中雲開月朗，禪師大叫一聲，這一聲響應到八、九十里遠的澧陽地方。李翱知道這一件事，又有詩寄給禪師，詩曰：

277

選得幽居愜野情，終年無送亦無迎；

有時直上孤峰頂，月下披雲笑一聲。

選得幽居愜野情，終年無送亦無迎；

有時直上孤峰頂，月下披雲笑一聲。

　　可見李翱與禪師亦有很大因緣，而他們的因緣可能是從梁肅而來，因為李翱的恩師就是梁肅，梁肅處處提拔他，所以李翱亦曾做過一篇《感知遇賦》。梁肅雖然做了大官，但他的佛學非常精深，是天臺宗一位有名的學者，做過一篇《止觀統例》，《大藏經》裏還收錄這一篇文章。李翱受過梁肅的薰陶，總會知道一點點佛法，才會去拜訪藥山禪師。他觀察到喜、怒、哀、樂、愛、惡、慾七情，把人們的真性給遮蔽住了，若要恢復自己的良知而為聖人，則必須制情復性，因此他做了一篇《復性書》。可是佛法不是空口說白話的，而是要運用方法，經年累月去修，修得日子久了，才可以復性，若不修則是沒有用的。李翱這一篇《復性書》便開了宋明理學的先河。

## 七情六欲

　　佛教的「七情」指的是「喜、怒、憂、懼、愛、憎、慾」七種情愫，把慾也放在七情之末。六慾是指色慾、形貌慾、威儀姿態慾、言語音聲慾、細滑慾、人想慾。

# 飛空息戰，倒立而死

獨弦琴於為君彈，松柏長青不怯寒；金礦相和性自別，任向君前試取看。

——隱峰禪師

　　唐朝時代的隱峰禪師是福建人氏，因為他姓鄧，當時的人就叫他做鄧隱峰。鄧隱峰是因參馬祖道一禪師而開悟的，自從開悟以後，他的行為狂放不羈。

　　有一天，他推著一輛土車子從路中經過，剛好馬大師坐在路旁，腿橫伸出路上，鄧隱峰的車子推到這裏，就大聲喊著：「請把腿收回去！」馬大師說：「我的腿已經伸了出去，就不會收回來的。」鄧隱峰說：「你伸腿不收，我還是前進不退。」他說著，便將車子從馬大師的腿上碾過，馬大師的腿因此被他碾傷了。馬大師於是回到寺廟法堂，拿著斧頭，大聲地說：「剛才碾傷老僧腿子的漢子出來！」鄧隱峰應聲跑到他的面前，伸出脖子，讓他的斧頭來砍，可是馬大師卻放下斧頭，返回方丈室去。

　　鄧隱峰冬天住在衡山，夏天住在清涼山。在唐憲宗元和年間，他往五臺山過冬，途中經過淮西，被吳元濟的叛軍阻擋去路。正當官兵和叛軍雙方勝負未分，苦戰之際，鄧隱峰無法通過，於是他顯現神通，把手中的錫杖擲上虛空，自己飛身而過。這樣一來，兩軍將士十分驚奇，個個都停手不打，只是仰首望著天空。因為他們先前都做過情景和眼前相同的夢，如今看見這個和尚竟飛行

空中，因此就停止了這一場戰爭。

　　鄧隱峰既然顯現了神通，恐怕有惑眾之嫌，因此他回到五臺山後就想尋死。不過在未死以前，先要研究死的方法，於是他問那些同住的人說：「歷來的高僧都是怎樣死的呢？坐著死，還是臥著死？可是這樣的死法我都看見過了，不知站著死的人有沒有？」同住的人說：「站著的人也是有的，我們都看見過了。」鄧隱峰便笑嘻嘻地再問：「那麼倒立死的人有沒有？」同住的人說：「倒立死，倒是古所未聞，這是沒有的，而且也不可能。」鄧隱峰又笑嘻嘻地說：「那麼，你們要不要看這樣的死法呢？我來死給你們看！」說罷，他就倒立如蜻蜓，頭頂向下，兩腳朝天。原來他並不是玩把戲，也不是做體操，而是真的死去了。最奇怪的是，他的衣褲，仍是順著身體，並沒有下垂。當時的人要為他火葬，可是他的身體屹然不動，推也推不倒。這時遠遠近近的人，成千上萬、人山人海地，都趕來觀看這個從古沒有的，倒立而死的奇人。鄧隱峰有個妹妹，也是出家人，聽到這個消息後，馬上趕到五臺寺，走近他的身旁，指著他罵道：「大哥！你生前不守戒律，死後還要蠱惑於人，快倒下去。」說時遲，那時快，她用指頭輕輕地一推，鄧隱峰的身子立即應指而倒。鄧隱峰的身子火化後，收拾舍利，建塔供養。

## 佛涅槃的年代

　　東南亞佛教徒一般認為是西元前545年，所以1956年和1957年各國都舉行佛涅槃二千五百年盛大紀念。我國關於佛涅槃年代有很多不同的說法，一般公認的年代是西元前486年，與南傳佛曆相差59年。

# 聲動虛空，渺渺無蹤

籬菊數莖隨上下，無心整理任他黃，後先不與時花競，自吐霜中一段香。

——誦帚禪師

鎮州的普化和尚，不知道他是哪裡人氏，也不知道他的姓名，只知道他是幽州盤山積禪師的法嗣，在盤山會下是一個秘受真傳的出家人。他自從開悟以後便行化人間，渾身骯髒、似瘋非瘋，說話也好像語無倫次。手上拿著一把銅鈴，這銅鈴就是他的隨身法寶，一刻也不離身。他總是不時搖動銅鈴，人們聽到鈴聲，便知道他在街上行走。他沒有一定的住所，有時住城市，有時住山林，也有時住在荒村野塚之間。當時的人們不能窺測他的究竟，都說他是個瘋和尚。

有一天，他搖動銅鈴，自言自語地說：「明頭來也打，暗頭來也打。」當時的臨濟宗祖師就是義玄禪師，派了一個弟子把他捉住問道：「不明不暗時怎麼樣？」這是臨濟祖師吩咐他的弟子照這樣去問的，並要普化回答出來，看看他是不是真的悟道。但是普化隨口答道：「明天大悲院有齋。」說罷，發出一番傻笑便走了。普化這一個答案，是不是牛頭不對馬嘴呢？那就要箇中人才能領會得到。

　　普化不管看見什麼人，不論是男是女，是老是少，是貧富是貴賤，都在人們面前舉高手，搖鈴一下，然後才繼續走他的路。那些正信居士們並不討厭他，都叫他做「普化和尚」。有時他也會惡作劇，好像跟人家開玩笑似的，他把銅鈴靠近人們的耳朵旁，忽然大搖特搖，使人嚇一跳；或者人們在前面走他輕手輕腳地走到背後，輕輕摸他一下，如果回頭看他一眼，他就伸手出來說：「乞一個錢！乞一個錢！」弄得人們啼笑皆非。當然，知道他的人都很樂意施捨給他，但是不知道他的人則不但不給錢，反而要罵他一頓，他也不生氣；倘若見人不給錢，他就搖鈴一下，轉去找其他的過路人要錢。

　　有一次，他在外面跑餓了，便走到臨濟寺吃剩菜剩飯，臨濟祖師看見他就說：「這漢子大似一頭驢。」他聽了就做驢聲叫，臨濟祖師也就不說話了。他們這個作風叫做禪門的機鋒，只在三言兩語之間，便知道對方領會到什麼程度。當時臨濟祖師轉身走了以後，普化便對人說：「臨濟小廝兒，只具一隻眼。」從這些三言兩語之中，我們可以知道他並不是瘋癲，而是高深莫測，只不過一般人不曉得罷了。

　　有一次，他看見馬步使出行，沿途有人喝道（喝道是過去帝制時代地方官出巡，要有人在前頭領先開路，因此謂之喝道），而普化這個傻瓜，看見人家喝道，他也學他喝道，並且學著他的姿勢。馬步使惱起來，使人打他五棒，普化卻說：「似是，似是，即不是。」聽的人又不曉得他說些什麼鬼話了。有一次，他搖響銅鈴說：「覺過去處不可得。」這句話被道吾禪師聽到了，一把將他抓住問道：「你想要往哪裡去？」普化反問道吾說：「你從哪裡來？」道吾

禪師沒有回答他的話，回頭就走。有一天，他又走到臨濟寺去，臨濟祖師看見他來，便大聲叫著：「賊，賊，賊。」普化也跟著說：「賊，賊，賊。」說罷便跟隨大家一起走入僧堂。臨濟祖師指著聖僧像問他：「是

凡？是聖？」普化說：「是聖！」臨濟說：「你爲什麼這麼說？」普化便搖起手中的銅鈴，唱起來說：「河陽新婦子，木塔老婆禪；臨濟小廝兒，只具一隻眼。」

到了唐懿宗咸通初年，普化將要圓寂時，走到街上向人家化緣，逢人就問：「乞一個直裰！」直裰是僧人的長衣，因此人家聽了，以爲他沒有衣服穿，於是就都送給他衣服，有的給綿衲，有的給布袍，他通通不要，即使給錢也不要，因此人家都不知道他究竟想要些什麼。但是他並不生氣，仍然搖著手中的銅鈴，繼續向別人去化緣。就這樣鬧了好幾天，他所要的直裰仍然沒有化到。一天，臨濟祖師派人送他一口棺材，他笑起來說：「這又是臨濟小廝兒多嘴了。」於是把棺材收下來，再也不沿街喊「乞一個直裰」了。直裰既然已經得到了，便不能再活下去，他要選擇一種死的方式，於是從此他向人們告別，他說：「明天我要到東門去死！」當時的普化和尚可以說是一個焦點人物，大家對他都非常感興趣，他的話轟動了全城的人，第二天大家都集中到東

門，想看他死法如何，有些熱心的人還替他扛著棺材。可是當他看見人來得差不多了，卻臨時改變他的死期和地點，他說：「今天不宜埋葬，今天不死了，明天到南門去死。對不起了諸位，想要看我死的，敬請明天到南門去看。」次日，好奇的人不減熱情又跟隨著他到南門去。人差不多來齊時，他又變卦了，對大眾說：「今天的日子也不好，明天是吉日，我決定明天到西門去死了，要看的，請明天到西門看。」第三天人們對他的死不再那麼熱衷了，去西門的人並沒有前兩天的多。有人說：「這瘋和尚在耍我們，開我們的玩笑，我們這樣跑來跑去太不值得了，正常人跟著瘋子跑，越想越覺得是上當，我們再也不去了。」因此去西門的人並不太多。可是他到了西門後還是改變主意了，並說：「明天一定在北門死，絕不再延期。」愛熱鬧的人們一連三天受他愚弄，到了第四天，誰也不肯再被玩弄了，一個人也沒去。原來他就是不願意人家看見他死。第四天，他自己馱著棺材來到北門之外，把棺材打開，搖鈴一聲，躺進棺材裏睡下，便真的死去了。當時有幾個人路過，親眼看見他走入棺材，馬上通知大家。等到大家都跑來，打開棺蓋一看，人已經不見了，只聽到虛空之中還有銅鈴的聲音，由近而遠，以致於渺渺無蹤。

## 三寶

是佛教的教法和證法的核心。簡單的說，三寶是指佛寶、法寶、僧寶。佛寶，是指已經成就圓滿佛道的一切諸佛。法寶，即諸佛的教法。僧寶，即依諸佛教法如實修行的出家沙門。佛初轉法輪，陳如等五人都歸依佛，出家為弟子，於是形成了僧伽。所以說，從那時起開始具足了三寶。

# 參見從悅，體禪入微

應該怎樣，就表現怎樣的心，既不矯揉造作，又不虛偽處世，完全是一種真實自我的流露，在這種真我裏心自然解脫自在了。

——佛家禪語

宋哲宗元佑六年（西元1091年），無盡居士任江西漕運使，到任後，先去謁見東林照覺總禪師，覺禪師詰問其見地，與自己符合，為之印證認可。

後來，因公務之便，路過分寧，先致敬玉裕慈，次及諸山，最後到兜率從悅禪師處，悅禪師身材短小，張公聽龔德莊說禪師聰明可人，因問悅禪師道：「聞公頗善文章邪？」

悅禪師大笑說：「運使公，失卻一隻眼了！」

無盡對此答覆很不以為然，因為他自己對禪已有很深的造詣，今聽悅禪師口氣，好像有輕視他的意味。

其實當無盡居士尚未到寺的前夕，從悅禪師曾夢見日輪升天，被他伸手取回，因此天亮後對首座說：「張運使不久過此，我當以深錐痛扎，若肯回頭，將是佛門幸事。」

首座師說：「今之大丈夫，受人奉承慣了，恐怕他要惡發，別生事端！」

悅禪師說：「正使煩惱，也只是我退出此院，別無他累。」

次日，無盡到院，談話不契，無盡只是稱賞東林的照覺總禪師，悅禪師仍不以爲然。

無盡於寺後擬瀑軒題詩中有兩句說：

「不向廬山尋落處，象王鼻孔謾朝天！」意思乃譏悅禪師不肯問東林之意。

悅禪師對無盡居士說：「東林既然可運使，運使於佛祖言教，有少疑否？」

無盡說：「有！」

從悅問：「所疑爲何？」

無盡答：「我疑香嚴獨頌，還有德山拓缽話。」

悅禪師說：「既有此疑，安得他無？」稍停又說：「只如嚴頭所言，末後一句是有呢？是無呢？」

無盡說：「有！」

悅禪師聞聽，大笑而回。

這一笑，笑得張公很不是味道，弄得他一夜睡不安穩。到了五更下床，不慎觸翻了溺器，忽然省悟前話，因而頌道：

鼓寂鐘沉拓缽回，嚴頭一拶語如雷；

果然只得三年話，莫是遭他受記來？

隨即，穿好衣服，馬上跑到方丈室扣門道：「開門！某已捉到賊了！」

悅禪師在房內應道：「賊在何處？」

張公師被他這問話給愕住了，弄得竟無話可答。從悅禪師在內又說道：「運使且去，來日相見！」

次日，無盡舉前頌，呈所見。悅禪師對他說：「參禪只為命根不斷，依語生解，塞諸正路，至極微細處，使人不覺墮入區宇。」

從此，張公敬仰從悅，待以師禮。

　　燒香禮佛的真實意義在於表達對佛陀的尊敬、感激與懷念。去染成淨，奉獻人生，覺悟人生。燒香的含意有四個方面：

　　1、表示虔誠恭敬供養三寶，以此示範接引眾生。

　　2、表示傳遞資訊於虛空法界，感通十方三寶加持。

　　3、表示燃燒自身，普香十方，提醒佛門弟子無私奉獻。

　　4、表示點燃了佛教徒的戒定真香，含有默誓「勤修戒、定、慧，熄滅貪、嗔、癡」意，佛並不嗜好世間大香貴香，但卻喜歡佛弟子的戒、定、真、香。

# 香嚴擊竹，豁然開悟

瓦礫無意地碰到了翠竹，「啪」的一聲，震碎了我千秋的迷夢。扯下了生命樹上的網羅，鑽進微妙無言的大光明藏。往日在亂紙堆中找真理，哪知文章字句都是癡人説夢。紙上畫餅，不能充飢；棲心空幻，怎能不費工夫？真正活現的境界，原來就在眼前。若不是和尚扔掉我的枴杖，怎會鑽進寂寞無言微妙的大光明藏！

──智閑禪師

唐朝末年，鄧州地方——即是現在河南省鄧縣，有個香嚴智閑禪師，就是潙山祖師門下的法嗣。香嚴本來是青州人，青州即在現在山東省益都縣的西北。他幼年時，對塵世十分厭煩，因此決定出家求道。他參訪過許多名師，起初在百丈祖師門下學禪，但總是摸不著門路。只是他愛讀佛經，以他的聰明智慧，加上又肯苦心去研究，故此深入經藏，幾乎所有道理都能懂得，而且還能背誦出很多經書。但是，儘管如此，還是沒有透徹地領悟到禪的深妙道理。

後來百丈禪師圓寂了，他只得跟隨潙山大圓禪師，時時在他的身旁，聽聽禪的方法。潙山禪師很看重他，認為他將來一定是佛門中的一個重要人物。有一天，潙山禪師考慮到他只是專門研究經典，卻不曾實地去參究，如果不參究向上一著，那就將身心無所適從，浮浮泛泛地，將會停留在文字障的表面歧

途，對於佛道，終究也只能是一個門外漢而已。於是溈山禪師便用激將法問他說：「香嚴！聽說你在百丈大師門下，問一句能答十句，問十句能答百句，是不是呢？」香嚴答：「是的，大師！」於是溈山禪師又說：「書讀得多，能夠臨時運用古人的言語來解答自己眼前的問題，這表示你有過人的聰明。但是你熟讀三藏的經典，我也無心問你卷冊裏的渣滓，因為世間的文字等於葛藤，越扯越亂，像一堆亂麻似的，永遠也搞不清。現在我只問你，你在未出胞胎以前，不辨東西，認不出世間的人我好壞，那個時候的你是什麼樣子？請你答一句就得了。」

　　這樣一問，問得他不知如何對答，因為佛經裏面並沒有這一句明明白白的答案，因此他沒辦法偷來搪塞，只有沉默地站著不動。過了很久，香嚴很慚愧地請溈山禪師指示。哪知道溈山禪師不肯解釋，只是冷冷地說：「我若是說了出來，不過是我的見解，對你沒有益處。」溈山這樣無情地激勵，使他既慚愧又感到極為不舒服，而香嚴就因此一激，而扭轉了學佛的方向。起初他還以為溈山禪師的發問一定出於什麼經典裏面，被無情地拒絕解釋以後，便立刻下定決心，翻閱所有經卷，一行一行、一字一字地細心尋求答案，正苦心求索中，

忽然悔悟，自言自語道：「眞是糟粕了，渣滓了，留得越多越麻煩了。」在此之前，他以為經書是萬能的，只要熟讀經書便可以解決人間的一切問題，可是他現在才覺悟到，過去的看法大多偏重於世間法，然而世間的一切都是無常的，都是假象，哪有眞實可靠的東西呢？

於是他毫不猶豫地把所有經卷轉送給別人，自己則辭別了溈山禪師，獨自走了出去，跑到茫茫天地之間，做個苦惱的禪和子（註：禪和子，即參禪之人），過著孤僧萬里遊的雲水生涯。

當他走到南陽地方，禮拜過忠國師的遺跡後，便悄悄地留下來，在那裏自耕自食，擔柴運水，過著苦行頭陀的生活，在千變萬化的大自然中探求眞理。有一天，他擔著鋤頭去茅屋外面的山路上鋤草，路旁有幾株長長高高的翠竹正隨風搖曳著，有青青黃黃的野草生長竹根旁邊，還有破碎瓦石也散佈在地上。香嚴正在用心地把野草鋤掉、把瓦石

扔掉，無意中忽然聽得破碎的瓦礫撞擊著路旁的翠竹，「啪」的一聲響，在這短暫的一剎那間，他豁然開悟了。於是他站起來，扶著鋤頭，滿面笑容地說：「原來潙山和尚的問題，這個才是答案。」於是他不再鋤草，即時荷著鋤頭走回茅屋裏，沐浴更衣，點著香，朝潙山方向虔誠禮拜，邊拜邊說：「和尚啊！你激發我，令我親自悟道，這大恩比父母恩還要深重，那時若是和尚為我解釋，哪有今日這樣一個活的人兒呢！」

智閑禪師因為石子撞著竹竿而敲醒了他的迷夢，證悟到禪的生命，契入無言無說最高超的聖境之中，故此香嚴擊竹的一句話頭，便成為禪宗有名的公案，無數禪和子要從這一句話找消息。

### 佛教徒禮節性稱謂

法師：本是一種學位稱號，要通達佛法、能為人解說的人才可稱為法師。而現在漢地用起來比較濫，往往將它與居士稱謂相對應，做為僧人的通稱。

三藏法師：指精通經律論三藏，能為人解說的僧人。如唐朝玄奘法師就是一位三藏法師。

經師：指善於誦讀經文或精通經藏的僧人。

律師：對善於記誦或講解律藏的僧人的敬稱。

論師：指精通論藏、善於講解經義的僧人。

禪師：指通達禪理、善修禪定的僧人。

# 達本忘情，古井出木

業識未消，三昧未成，縱談理性，終成畫餅。

——印光法師

　　宋朝的普庵禪師，俗家姓餘，名叫印肅，是宜北餘家坊人氏，生於宋徽宗政和四年甲午七月二十一日子時，他的父親早年去世，由母親撫養成人。普庵出世後三日便會講話，他說：「我是盤龍山處肅禪師啊！」原來處肅禪師是江西宜春城盤龍山的老和尚。

　　普庵到了七歲，夢見有神人指著他的胸膛說：「你日後會知道的。」他醒了以後，便把夢中的情形告訴他的母親。有一日當他洗澡的時候，發現他的胸部果然有一顆朱砂痣，猶如櫻桃那麼大。到了十七歲那一年去壽隆寺出家，十九歲受具足戒。

　　那時他聽聞潙山忠禪師道風很高，於是特地去參禮他，並且問道：「萬法既然歸一，一又歸於何處？」忠禪師即時豎起拂子，普庵見了，內心似乎有點領會。從此返回天龍岩住了十年，苦苦參究，但仍舊沒有開悟。那時他所住的慈寺院被盜賊燒去一半，寺裏的人都跑光了，有人請他仍要住持慈寺院，他推辭不過，只得勉強答應。有一天，普庵在藏經樓看經，看到《華嚴疏鈔》有兩

句說：「達本忘情，知心體合。」忽然頓悟。那時他做到一念不生，猶如一個還有些氣息的死人一樣，同時全身流汗，很久才說：「啊！我證得華嚴境界了。」於是說出一首偈來：「捏不成團擘不開，何須南嶽又天臺？六根門內無人問，惹得胡僧特地來。」所謂胡僧，原來那時印度有個梵僧到了四川，他知道普庵禪師成道，故此專誠來拜訪他。梵僧一看見普庵即大喝一聲，普庵也大喝一聲，這是臨濟宗的禪機，但是他的侍者看到這一幕呼呼喝喝的怪劇，正如丈二和尚摸不著頭腦，於是普庵便叫寺裏的人都向梵僧頂禮，因為他也是一位有道的高僧！

　　他們兩個在慈寺院住了八個月之久，忽然失蹤，寺裏的人四處找尋，但都找不著。經過兩年之後，這個山的南岩忽然大放光明，寺裏的人個個都很

驚奇，懷疑普庵與梵僧可能躲在那裏，於是大家出動，從南岩找尋，果然看見普庵禪師盤起兩條腿坐在山岩裏面，叫了他好幾聲，他不答應，大家便勉強請他返回慈寺院，他說：「你們如果肯護法，修理全間寺廟後，我才肯回去，不然，我便要走得遠遠的。」大家聽了，都一起答應。

　　到了第二年正月一日開工，普

庵禪師往深山裏找木材，木材由
山洞中入，經過十五里路程，復
從慈化寺香積廚的井中湧出來。
造寺的工人從井中連續不斷取出
木材，後世便稱此井爲來木井，
這個井現今還留存著。慈化寺全
間都修建好了，成爲一個最有名
的佛教道場，皈依的人有好幾
萬。

到了宋孝宗乾道四年戊子五
月初五日，普庵禪師騎著一頭白
牛，口吹鐵笛，在慈化寺外面繞
了三匝，當時大家都不曉得是什
麼意思；第二年七月二十一日子
時，普庵禪師便圓寂了。他的肉身保存在萬佛殿後面的深洞中，頭髮、鬍子、
眉毛、指甲，每年長出一寸多，十年以後就不再長了。他死時是五十五歲。

後來元世祖贈他一個法號叫慧慶禪師。元仁宗延佑元年間，南康地方的僧
人宗璁在姑蘇城西五里，創建一間慶禪寺，又建築無量壽佛、佛閣以及塑造
五百羅漢像。閣的後邊建築一所普光明殿，把普庵禪師的肉身供奉在那裏，當
時去禮拜的人不計其數。

　　另外，婦孺皆知的濟顛和尚，有人叫他濟公活佛，是臨海縣人氏，俗家姓李，在西湖靈隱寺為僧，法號叫做道濟禪師，在宋寧宗二年前後圓寂，住世六十歲。在靈隱寺沒有發生火災以前，他就瘋瘋癲癲地喊出了預言。過了一天，靈隱寺果然著火，把寺宇都燒垮了。當地的信徒以及僧眾便募資重建，但是缺乏樑柱，需要從很遠的高山上才能取得木頭。濟顛和尚便施展他的神通，使木頭從地底運走，從靈隱寺的井底運出，所需的木頭數量剛剛夠用，但是還有一根正從井底凸出，那時修建的工人說：「夠了！夠了！不要了！」那根木頭只有停留在井底，不上不下，由宋朝直到現今，木頭還在井底停留著。濟顛的運木井與普庵的來木井名字上雖不相同，但事實上卻沒有兩樣，可以說是無獨有偶。

### 濟公活佛

　　「開口便笑笑三聲，此神本是東來祖，酒肉穿腸坐心中。」濟公活佛，他是十八羅漢中的降龍羅漢，他排名十七——降龍羅漢十八羅漢的第十七位，即是「迦葉尊者」，他是在清朝由乾隆皇帝欽定的。據《法住記》說，以上十六位羅漢是佛陀的十六位大弟子，佛命他們常駐人間普渡眾生。

# 第五章

## 元明清
### 宮廷密教、香火經懺

# 自書祭文，激昂慷慨

劫數既遭離亂，我是快活烈漢；如今正好乘時，便請一刀兩段！

──性空禪師的偈語

建元初年，徐明反叛，整個烏鎮，大肆殺戮，縱兵燒掠，生靈塗炭，百姓逃亡一空。

性空禪師見狀慨然嘆道：「我不能不救！」

因而，執杖獨自前往賊營，賊首見他相貌莊嚴而偉，以為他有什麼詭異的陰謀，便大聲喝問：「你是誰？到哪裡去？」

性空禪師答道：「我是出家人，要到你的賊營去。」

賊首聽後大怒，隨即下令將其斬首！性空禪師並不為之動容，而是緩緩的對賊首說：「要頭就砍去，不要發怒啊，死沒什麼可怕，不過我還沒有進食，怎能讓我做餓死鬼呢？懇請賜我一頓飯食，做為我的送終宴何如？」

賊首覺得這個人很有意思，便命人擺上酒肉飯食給他吃，他置之不顧，而是一本正經地唸起他的供養咒來，和平時在寺內一樣，做進食前的所有儀式，

賊眾看了都在一旁發笑。

性空禪師唸罷供養咒文，又對賊首道：「我今天死了，誰為我寫祭文啊？」賊首被他這種怪異的舉動弄得大笑起來。

性空禪師看著賊眾又從容不迫的說：「既然沒有人幫我寫，請給我紙筆，我自己來作。」

賊眾拿來紙筆遞給他，他隨手大筆一揮，書道：「嗚呼唯靈，勞我以生，大塊之地，役我壽，陰陳之失，令我以貧，五行不正，困我以命，日不吉，籲

哉至哉！賴有出塵之道，悟我之性與其妙心，則其妙心孰與為鄰？上同諸佛之真化，下合凡夫之無明，纖塵不動，本自圓成。妙矣哉！妙矣哉！日月未足以為明，乾坤未足以為大，磊磊落落，無罣無礙。六十餘年，和光混俗，四十二臘，逍遙自在！逢人不喜，見佛不拜，笑矣乎！笑矣乎！可惜少年郎，風流大光彩，坦然歸去付春風，體似虛空終不壞，嗚呼！尚饗。」

　　祭文撰好後，他還搖頭晃腦，朗聲讀了一遍，然後才拿起筷子肆無忌憚的大吃起來。

　　吃過了飯，性空禪師對賊首說道：「還不快快動手？」

　　於是大呼：「斬！斬！斬！」

　　群賊見狀為之動容驚駭，不但不殺他，而且還向他合掌謝罪，然後賊首命令護衛將他護送回山。烏鎮一帶因此平安無事，周圍遠近的道俗們對性空禪師也更加敬重起來。

## 四大皆空

　　佛教主張世界萬物與人之身體皆由地、水、火、風之四大和合而成，皆為妄相，若能了悟此四大本質亦為空假，終將歸於空寂，而非「恆常不變」者，則亦可體悟萬物皆無實體之諦理。又一般世人形容看破名利、世事，亦稱四大皆空。

# 一念無生，超升天界

人生能有幾時？電光眨眼便過！趁未老未病，抖身心，撥世事；得一日光景，念一日佛名；得一時工夫，修一時淨業；由他命終，我之盤纏預辦，前程穩當了也。若不如此？後悔難追！

——天如禪師

明世宗嘉靖末年，漳州地方有一個叫明淨的和尚，在沒有皈依之前，就想要真真正正地去修行。可是他卻不曉得怎樣去修，問人人又不識，無處求教，只得天天在寺廟裏做苦工。一天，有個掛單行腳僧看見他如此忙碌，不像個出家人的樣子，便問他道：「你日常做些什麼功課？」他說：「就是從早到晚做這些苦事，還有什麼功課呢？」行腳僧說：「唉！你要修呀！」他說：「我想修，問了許多人，沒有人肯教我。」行腳僧說：「我來教你，你就參『念佛是誰』好了。」他問了很多，行腳僧都清清楚楚地告訴了他。從此明淨就依照行腳僧所教的去做，一邊做工，一邊默默地參禪。後來他乾脆離開寺廟，走進石岩裏面去，穿破舊衣服，食樹葉野果，日日參究。

他的媽媽和姊姊聽說他在石岩裏修行，極為勤苦，於是他的媽媽就讓姊姊拿一匹布及些許食物給他送來。姊姊走進石岩，看見他坐在石岩上，動也不動，叫他也不應，姊姊氣不過，便把帶來的東西放在石上回家了。之後，明淨

對誰都是不理不睬，整日坐在岩洞裏。過了十三年，姊姊再來看他，發現從前送來的那匹布依舊放在那兒，從來都沒有動過，姊姊看後，嘆了一口氣便離開了。

　　過了幾年，有個逃難的人走進岩洞，腹中飢餓難耐，看見他穿著破爛的衣服在那裏閉目端坐，便走上前向他乞討食物。他指引那個逃難的人到石岩邊拾些石子，拿來放入鍋裏，煮了一刻鐘的時間，便拿出來給他吃。那個逃難的人以為他是個瘋子，心想：「堅硬的石頭怎麼可以當飯吃呢？」這時，鍋裏的石子卻散發出食物的香味，那個逃難的人十分驚奇，於是就抱著試試看的心理，拿了一顆煮熟的石子，放在嘴裏。他發現嘴裏的石子猶如洋芋一樣地鬆軟好吃。逃難的人饑不擇食地將石子吃得精光，臨走的時候，明淨叮囑他說：「不要向外人談及此事，虔心向佛，必得福報！」

　　之後，又過了一段時間，他心想：我在這裏修行很久了，總也得結結法緣才是。於是離開岩洞，來到廈門，在

一條大路旁邊搭起茅蓬施茶。當時是明神宗萬曆年間，神宗皇帝的母親死了，要請高僧超度，本來想在附近請僧人的，可是許多高僧都不在京師。一晚，皇太后托夢給神宗皇帝說：「福建漳州有位高僧，你可以將他請來。」於是，神宗皇帝就派人往漳州迎請了許多僧人。那些僧人把行李整理好，準備一擔一擔的送往京師，剛好他們從茅蓬邊經過，明淨問道：「各位師父，你們今天這麼歡喜，要往哪兒去呢？」那些僧人說：「我們奉旨進京，爲皇上做佛事超渡皇太后。」明淨又問：「我可以去嗎？」僧人說：「你如此窮酸，連件像樣的衣服也沒有，怎麼去呢？」明淨說：「沒關係，我可以替你們挑行李，到京師看看也是好的。」於是就替他們挑起了行李。

神宗皇帝知道有大批僧人要來，立刻叫人把一本《金剛經》放在門限下面，那些僧人誰都不知道，個個昂然直入，最後只有一個挑行李的走到門邊不敢進去，並且雙膝跪下，合著掌，喃喃自語。那些守門的人，又請又拉地要他進去，他就是不肯，於是便上奏皇帝。皇帝心中有數，知道聖僧來了，立刻走出門外問道：「爲什麼你不進去？」明淨和尚說：「地下有金剛，故不敢跨越而過。」皇帝說：「何不倒身而入呢？」於是他兩手撲地，兩腳朝天，翻一個筋斗而入。神宗皇帝十分敬重他，在內庭款待他，問他如何佈置壇場以及修法的細節，明淨說：「明晨五更開壇，只需佈置一台幡引、一對香燭、一席供果就夠了。」皇帝聽後心中有點不大滿意，認爲太過草率了，不夠隆重，便懷疑他沒有道德，於是派兩個宮女給他洗澡，加以試探。在洗澡期間，雖有宮女隨侍在側，但是明淨內心清淨，全然沒有慾望。宮女把情形奏上皇帝，皇帝聽了，越加敬重，知道他確實是一位聖僧，便依照他的主意簡單地佈置壇場。

第二天早晨，他升座說法，首先走上台做一個問訊，手執長幡，走到靈位前說：「我本不來，你偏要來，一念無生，超升天界。」說過後，對皇帝說：「好了！恭喜恭喜！皇太后已經解脫了。」皇帝以爲如此草草了事，恐怕功德還沒有完滿，正在懷疑之際，忽聞寢室裏面傳出太后說話的聲音：「請皇上禮謝聖僧，我已經超升了。」皇帝才大爲歡喜地拜謝他，即時在內庭設齋供養。他目不轉睛地看著皇帝所穿的花褲，皇帝問道：「大德，你喜歡這條褲子嗎？」他點了點頭，皇帝便把褲子脫下來賜給了他。他一邊說：「謝恩，謝恩。」一邊將褲子穿在自己的身上，因此，皇帝就封他爲龍褲國師。吃過齋，皇帝帶他到後花園遊覽。後花園裏面有一座寶塔，龍褲國師見了很歡喜，一直看著寶塔，皇帝說：「國師，你愛這個寶塔嗎？」他說：「是的，這個塔很好。」皇帝說：「可以把它敬送給你，你要嗎？」說畢，即時打發宮中的大臣準備把寶塔拆往漳州重建，國師說：「不要拆了，我拿走便是。」說罷，一手把寶塔摘下來放入袖裏，連人帶塔向虛空飛去。這時神宗皇帝以及宮裏的人又驚又喜，都拜倒在地，嘆拜這一位不曾有過的神僧。

## 善知識

　　音譯做迦羅蜜、迦裏也曩蜜怛羅。指正直而有德行，能教導正道之人。又做知識、善友、親友、勝友、善親友。反之，教導邪道之人，稱為惡知識。據《大品般若經　卷二十七　常啼品》載，能說空、無相、無作、無生、無滅之法及一切種智，而使人歡喜信樂者，稱為善知識。

# 虔修淨土，佛國觀光

瑣瑣含生營營來去者，等彼器中蚊蚋，紛紛狂鬧耳！一化而生，再化而死，化海漂蕩，竟何所之？夢中復夢，長夜冥冥，執虛為實，曾無覺日！不有出世之大覺大聖，其孰與而覺之歟？

——仁潮禪師

明朝萬曆年間有袁氏三兄弟，老大是袁宗道，老二是袁宏道，老三是袁中道。兄弟三人都很有才學，也做過大官。老大袁宗道會試考得第一名，做官做到右庶子；老二袁宏道考取進士，做過吳縣知事；老三袁中道也是考取進士，做官做到吏部郎中。

老二袁宏道又名袁中郎，號石頭居士，寫過一篇《西方合論》，發揚念佛法門。他起初在李卓吾居士處修學禪法，後來專修淨土，早晚禮佛誦經，而且守戒謹嚴，最後無疾而終。他的哥哥袁宗道以及弟弟袁中道，也發心修習淨土。

老大袁宗道號香光居士，有一次於病中遊過地獄，看見那些談空破戒的亡

僧，形容枯槁，臉色憔悴，在猛火地獄中跋足而過，哭聲震地。醒了以後，從此專修淨土。

老三袁中道，有一晚在禪定之中，靈魂離開肉體，飄飄然地乘雲駕霧，跟隨著兩個童子向西而去，到了一個地方，童子說：「止步！止步！」那時袁中道看見地上光耀滑潤，池中有五色蓮花，非常嬌豔；地上有樓閣，十分華麗。中道問：「這裏是什麼地方？你又是什麼人？」童子答：「我是你二哥袁中郎的侍者，他在那邊等候著你，快去吧！」於是他們一路走去，到了一個池邊，池上有白玉門，其中一個童子先行走進白玉門，另一個童子引領著袁中道走過二十多重的樓閣後，此時有個人前來迎接。那個人有丈多高，臉色如玉，衣如雲霞，他說：「弟弟，你來了！」中道睜眼一看，原來是二哥袁中郎。中郎帶引中道上樓坐下，並說：「這裏是西方邊地，所有信仰未足、對經教沒有瞭解以及戒德未全的人，多數生在這裏。」

中郎又指著上空說：「上方有化佛樓臺，臺前有大池，池中有妙蓮花，是眾生所生之處。我本人雖然淨願很深，但是情緣未盡，起初也是生在那裏，但現今我有了進步，已經居住在淨土了，只是我守戒還沒有徹底，僅可以地居。幸虧我在世時寫過《西方合論》，讚嘆如來不可思議的渡生之力，才敢得飛行自在，往遊十方佛土，每逢諸佛說法時，我還可以去聽聽。」說到此老二袁中郎攜著老三袁中道的手向虛空中直上，轉眼之間就走過千萬里路，到達一個地方，明光照耀無可限量。那裏以琉璃為地、以七寶樹為界，寶樹生出奇花，樹下有七寶池，池中有五彩的雜色蓮花。老二袁中郎說：「這裏是地居眾生的依

報，過了這裏，那邊是法身大士的住處，他們的善妙神通比這裏多千萬倍，而我不過以智慧力才可以到那邊遊玩，但是不能長住。從那邊再過去就是十地等覺居住的地方，那邊的情形如何，我不知道。再過去一點，便是妙覺如來居住的地方，其中情形只有佛與佛之間才能得知，不是我們能臆測的。」於是老二袁中郎宏道慨嘆說：「唉！『不圖爲樂之至於斯也！』倘若我在世時嚴持戒律，今日的地位當不只如此。大概修道的人，一方面要多多研讀經典，一方面要嚴守戒律，生品才得最高；其次則守戒精嚴，最爲穩當。若單是研讀佛經而不守戒，這種人多數爲業力所牽。弟弟啊！你的智慧很深，只是戒力不足，以後你返回人間，趁著年富力強，務必實悟實修，嚴持淨戒，勤行方便，憐憫一切眾生，不久的將來，當再有相見的一日，倘若一入邪途，極可怖畏。望你把我說的話普告世人，未有日日殺生、貪求口腹而能生在極樂國土的，雖然說法如云，於事也是無益。我恐怕你偶一墮落三途，因此以方便神力攝你到這裏來，我們淨穢相隔，不得久留，你好好地回去吧！」老二袁中郎說過以後，老三袁中道忽然凌空跌下，霎時驚醒。當時是萬曆四十二年（西元1615年）十月十五日，袁中道醒後立刻將此事記述下來。

## 淨土

是指清淨國土、莊嚴刹土，也就是清淨功德所莊嚴的處所。是諸佛菩薩為渡化一切眾生，在因地發廣大本願力所成就者。因為有十方三世一切諸佛菩薩，因此也就有十方無量的淨土。例如彌勒淨土、彌陀淨土、藥師淨土、華藏淨土、維摩淨土。而釋迦牟尼佛的示現成道，偉大的本願就是在於淨化人間，期將娑婆穢土轉化為清淨國土。

# 相國寺僧，入定化佛

幸賴善緣得聞法要，此千生萬劫轉凡成聖之時。尚復徘徊歧路，乍前乍卻，則更歷千生萬劫，亦如是而止耳！況輾轉淪陷，更有不可知者哉？

——清·彭際清居士

前清時在河南省開封府有一座著名的廟宇，叫做相國寺，寺裏有一位老和尚，年齡已經有八十多歲了，但是他的身子還很健壯，跑起步來，不輸給年輕人，而且很有力氣，就是幾百斤重的大石也可以一隻手舉起來，因此相國寺附近一帶的習武青年，都不敢跟他鬥氣力。一天，和尚對他的徒弟說：「我快要離開你們了，因為我過幾天要入定，入定的時間很長久，將來出了定，恐怕不會見到你們。我入定後，你們可把我舁（註：舁，共舉之意）到大准提殿去，用一口大缸將我蓋住，不要打開來看，還要把我的話一代一代傳下去，叫他們好好守護著，大概經過一百多年，才會出定。在我入定中的這段時間，有個大魔王侵擾我，不過他不會傷害我，還會幫我的忙。」

老和尚吩咐過以後，過了幾天，果然入定。徒弟們依照師父的遺囑，把他舁到大准提殿去，用大缸蓋好。後來到了民國年間，當馮玉祥擔任河南省主席時，聽到老和尚的這段奇聞，於是就帶著幾個馬弁（註：弁，馬弁指古代武官的侍從）親自到相國寺來，並且召集了當地的人民，強逼寺僧把大缸打開，寺

僧們當然不敢違抗。馮玉祥的本意是要將老和尚的肉身加以破壞，但當缸蓋打開時，見到那老和尚依然坐在蒲團之上，臉色如生，和藹可親，並不像一個死人；最奇怪的是，他的頭髮和指甲依然在生長，頭髮長得有好幾尺，從頭至地環繞在他的身邊，色澤像墨一般黑，不但不像百餘歲人的蕭蕭白髮，就是青年人的頭髮也沒有那麼柔順。而他的雙手，交迭起來，在佛門的術語叫做彌陀印，雙手的指甲順手臂一路長到肩膊，又向下環繞著他的腰圍，好像一條玉帶，色澤鮮明。當時跟馮玉祥前來的人見到這個奇異情形，都說他是個活佛，個個都跪下地去，叩頭禮拜，馮玉祥也為之感動，因此他想了一會兒，便對寺僧說道：「老和尚入定的時間怕太長了，不知道何時才會出定！當今兵荒馬亂之秋，城市不是安身之所，不如把他送到太行山上去較為安全。」相國寺的和尚對於馮玉祥的提議不贊成，懇求他收回成命。馮玉祥說道：「假如不依從我的話，就把他付之一炬。」寺僧們怕他真的這樣做，便不敢和他爭執，結果，把他送到太行山上，同時還派了幾個僧人去照顧他。

## 龍門石窟

　　位於洛陽市區南面12公里處，是與大同雲崗石窟、敦煌千佛洞石窟齊名的我國三大石窟之一。龍門石窟始開鑿於北魏孝文帝遷都洛陽(西元494年)前後，迄今已有1500多年的歷史。後來，歷經東西魏、北齊、北周，到隋唐至宋等朝代又連續大規模營造達400餘年之久。密佈於伊水東西兩山的峭壁上，南北長1000多米，現存石窟1300多個，佛洞、佛龕2345個，佛塔50多座，佛像10萬多尊。其中最大的佛像高達17.14米，最小的僅有2釐米。另有歷代造像題記和碑刻3600多品。

# 乞丐聖人，樂善好施

人為善，福雖未至，禍已遠離；人為惡，禍雖未至，福已遠離。

—— 《恭錄大慈大悲觀世音菩薩聖訓》

武訓是山東省堂邑縣武家莊人氏，從小父親就去世了，只得跟著媽媽沿街乞討。他是一個孝順的兒子，從小就知道把乞討來的食物先讓媽媽吃。

十六歲時，他去館陶縣張舉人家裏做傭工，雖然薪水很少，但他為人卻十分忠厚老實，一連做了三年。在臨結算工錢的時候，張舉人不但沒有給他一文錢，反而把他罵一頓，同時又指使家丁把他打了個頭破血流。後來他又去姨丈家做工，依舊兩手空空。不幸的遭遇使武訓意識到自己受人欺負的原因在於不識字，不識字的原因又在於沒能力去念書；因此，他想要幫助和自己一樣貧窮的子弟了卻念書的心願。

要使窮孩子都可以念書，就要興辦義學，可是自己是個窮光蛋，根本沒有這個能力，於是他就一方面去當短工，一方面去行乞，以此攢錢興辦義學。主意打定，他默默地對自己說：「扛活受人欺，不如討飯隨自己。別看我討飯，早晚修個義學院。」

　　他首先把辮子剪掉，將腦袋弄得不倫不類，以便引人注意，一到大街小巷他就唱起來：「這邊薙，那邊留，修個義學不犯愁；這邊留，那邊薙，修個義學不費力。」行乞之時，遇到人家呵斥，他就唱道：「不給我，我不怨，自有善人管我飯。」「不強要，不強化，不用著急，不用害怕。」「大爺大叔別生氣，你幾時不生氣，我幾時就出去。」

　　他把討來的飯，選較好的賣給貧民，把殘碎的留給自己吃，數十年如一日。有人問他：「為什麼不吃點好的？」他唱道說：「吃好的不算好，修個義學才算好。」他為了達到目的，起早貪黑地替人家推磨、切草，挑水，他一邊幹活一邊唱：「給我錢，我種田，修個義學不費難。」「多掙一個錢，義學就能早開一天。」「推磨推磨，一斗麥子六十個，管推不管籮，管籮錢還多。」「出糞，切草，來找我。管到黑不管了，不論錢多少。」

　　他在人多的地方讓小孩子騎在背上，或是倒立身體來乞討金錢，他還編了首歌謠來形容自己乞討時的情景 —— 「爬一遭一個錢，爬十遭十個錢，修個義學不費難。」「豎一個一個錢，豎十個十個錢，豎得多，錢也多，誰說不能修義學？」他任人摩頂放踵，犧牲自我，為大眾謀利，若不是大菩薩，絕對是做不到的。

　　他有時拿著蠍子對人唱道：「吃蠍子，吃蠍子，修個義學我的事。」有時還拿出蛇做出要吃的樣子，人們看到後都很驚訝，他卻唱道：「蛇可食，不要怕，修個義學全在我自家。」一次，他拿起瓦片要往自己的嘴裏塞，周圍的人

都取笑他說：「武七，你瘋了嗎？瓦塊是不能消化的。」他答道：「破磚碎瓦都能消化，不能修義學才惹人笑話。」有一天晚上，他所住的破廟塌了一塊瓦，砸破了他的頭，一時間血流滿面，第二天早上，他依舊出門討飯。鄰居對他說：「武七，你的頭都破了，怎麼還冒冒失失地出來？」他微笑著唱道：「打破頭出出火，修個義學全在我。」

他經常撿些菜根芋尾來吃，別人塞給他一個饅頭，他都小心地收起來，用來換錢。他一邊嚼著菜根一邊唱：「食菜根，食菜根，我吃根不求人，省下飯，修個義學院。」「食芋尾，不用火，不用水，省下錢來，修個義學不費難。」別人拿水給他喝，他卻先洗臉後喝水，人家問他：「這麼髒的水哪能喝呢？」他唱道：「喝髒水，不算髒，不修義學真正骯髒。」

他從二十歲起，整整用了三十年的時間來行乞，感動了許多人，最後終於將校舍建築成功了。他跪求崔舉人去做老師，又來到貧窮子弟的家中，跪著求子弟的家長讓孩子去入學；見到小學生頑皮，他總是跪倒在地上來規誡他；學校中的老師有勤苦教誨的，或是小學生平日用功的，他也跪著去感謝他們。

自從他開辦義學之後，人們又不斷地捐了很多錢，有人勸他迎娶一房妻子，他唱道：「不要老婆不要孩，以修義學做生涯。」「人生七十古來稀，五十三歲不娶妻；親戚朋友斷個淨，臨死落個義學症。」

他時常印些善書送給人。村裏有個婦人侍奉婆婆至孝，割下股肉來給老人醫病。武訓聽到後，贈給她良田十畝，並唱歌讚道：「這人好，這人好，我給十畝還嫌少。」「這人孝，這人孝，給她十畝為養老。」有人勸他說：「你老了，也要為自己打算一點送終的事，不要整天專為他人忙。」他唱道：「街死街埋，路死路埋，死了自有棺材。」由此可見，他真正是個看破紅塵的實行家，佛教所謂人空法空，他都做到了。

他的善舉感動了附近的和尚，與他合作在寺廟裏開辦了好幾間義學。武訓

到了晚年，隨時隨處口中都好像唸唸有詞，有人說他是在念佛。同時，他對於很多事情也好像未卜先知，有時說過的話，日後都特別靈驗。

在《楞嚴經》的二十五圓通章裏，有個持地菩薩，於無量劫前做過和尚，見到重要路口或是步頭，有不平坦而妨礙車馬的地方，就把地面填平，或是放上一座橋樑；有時路人的牛車陷入爛泥沼裏，他便幫人把牛車拖起來。他世世生生積滿功德，後來在毗舍如來座下得到無生法忍，成就阿羅漢道。可見武訓夫子也不是一個凡夫，絕對是個得忍菩薩。

## 南無阿彌陀佛

譯曰歸命無量光覺、無量壽覺。歸命於無量壽覺及無量光覺也。淨土門稱之為六字名號。歸命者，眾生一心仰賴阿彌陀佛，即眾生之信心也。無量壽覺或無量光覺者，佛助一切眾生行體成就也。蓋眾生之信心與阿彌陀佛助眾生之行體皆具足於此六字內。此謂機法一體之南無阿彌陀佛也。真言之口傳以此名號為陀羅尼，為金剛界五佛。善導觀經疏一曰：「言南無者即是歸命，言阿彌陀佛者即是其行，以斯義故，必得往生。」觀無量壽經曰：「具足十念，稱南無阿彌陀佛。」

# 白玉騰龍佛學院簡介

　　白玉騰龍悉地海洲位於四川省阿壩州境內的騰龍山納措嘎莫湖畔。騰龍山自古就列為佛教有名聖地，蓮花生大士遺言：雪域之東有神山，山峰神海鑲嵌，此地就是銅色吉祥山。佛陀在《無垢稱經》中親自授記：鄔金第二佛——蓮花生大士等許多大持明者加持，大慈大悲怙主觀世音菩薩所化剎土——藏地雪域康藏交界地帶，一個景色怡人、群山環抱、聖海蕩漾，名為法源聖地。此地是許多大成就者獲得殊勝悉地的聖處，近代就有多達二十五位修行者在此虹化。

　　80年代初活佛確真降措仁波切迎請了大持明貝馬嘎旺堪布到來騰龍講經傳法。並且建設了藏傳佛教寧瑪派騰龍夏周達爾基寺作為講課的法堂。這是佛學院的初形。隨著歲月風雪的洗禮，當初建設的簡陋經堂已經搖搖欲墜。1998年冬天，堪布土丹尼瑪仁波切在假期間從白玉祖庭到來騰龍。看到老少喇嘛們坐在破漏的舊經堂裡，在嚴寒中哆嗦，但依然精進的上課。如此情況，叫堪布心生悲憫。發願重建佛學院。

堪布的願望得到了當地政府和民眾的支援。政府並批出建寺土地30畝。從此後至今，堪布不惜以自己微薄的收入，少部分弟子的幫助和親戚朋友們的貸款所得的淨資購買建材，親自帶同寺廟的喇嘛用體力和簡便的工具，歷盡身心的艱苦。五年來建設了一間小經堂供臨時之需，平整了30畝的土地，修了一條5公里長可以通車的慈悲之路，為建設作了前行的準備。

　　法王晉美彭措如意寶得知其愛徒土丹尼瑪堪布的大願，於2003年病危之際，還親臨堪布家裡並賜於非常稀有的「發願文」。白玉祖庭住持活佛覺康土登巴絨仁波切也為心子的悲心所感動，為了能使佛學院的興建能夠得到順緣助力，於2002年不惜勞累親臨騰龍來主持為期14天的寶藏瓶法會，並為佛學院命名「騰龍悉地海洲佛學院」。

༄༅།། གཉེར་ཐང་བླ་རུང་ལྱུ་རིགས་ནང་བསྟན་སློབ་གྲིང་།།

བསྟན་པའི་རྩ་ལག་བསྟན་འཛིན་སྐྱེས་བུ་ཕྱགས་མཐུན་ཁྲིམས་གཅང་ཡུང་རྡོགས་འཕེལ།།

རིམ་གཉིས་ལམ་གྱིས་དངོས་གྲུབ་སྦྱིན་ཏིའི་དཔར་མཆོ་སྐྱལ་བཟང་དཔལ་དུ་འཁྲིལ།།

འཁོར་ལོ་གསུམ་གྱི་དགེ་མཚན་གསར་བས་ཕྱུབ་བསྟན་ཆོས་ཀྱི་སྐྱིང་དགོན་འདི།།

བསྐལ་བའི་མཐར་ཡང་ཉམས་པ་མེད་པར་ཡུན་ནས་ཡུན་དུ་མཛེས་གྱུར་ཅིག།

ཅེས་པ་འདི་འཛགས་མེད་ཡུན་ཚོགས་འབྱུང་གནས་ཀྱིས་ལྷག་བསམ་དག་པས་སྐྱིན་པ།

དེ་དེ་བཞིན་ཏུ་འགྲུབ་པར་རྒྱལ་བ་སྲས་བཅས་རྣམས་ཀྱི་མཐུན།

གྱུར་གནང་བར་མཛད་དུ་གསོལ།།

騰龍悉地海洲創建指導上師白玉土絨仁波切

國家圖書館出版品預行編目 (CIP) 資料

大法西來：漢傳佛教流傳最殊勝的故事 / 活佛確真降措仁波切、
堪布土丹尼瑪仁波切審訂 .
-- 第一版 . -- 臺北市：樂果文化出版：紅螞蟻圖書發行，
2016.02
　面；　公分 . -- ( 樂信仰；7)
ISBN 978-986-92619-8-2( 平裝 )

224.515　　　　　　　　　　　　　105000886

樂信仰 7

# 大法西來：漢傳佛教流傳最殊勝的故事

審　　　　訂 ╱ 活佛確真降措仁波切、堪布土丹尼瑪仁波切
總　編　輯 ╱ 何南輝
責 任 編 輯 ╱ 韓顯赫
行 銷 企 劃 ╱ 黃文秀
封 面 設 計 ╱ 引子設計
內 頁 設 計 ╱ 沙海潛行

出　　　　版 ╱ 樂果文化事業有限公司
讀者服務專線 ╱ （02）2795-3656
劃 撥 帳 號 ╱ 50118837 號 樂果文化事業有限公司
印 刷 廠 ╱ 卡樂彩色製版印刷有限公司
總 經 銷 ╱ 紅螞蟻圖書有限公司
地　　　　址 ╱ 台北市內湖區舊宗路二段 121 巷 19 號 ( 紅螞蟻資訊大樓 )
　　　　　　 ╱ 電話：（02）2795-3656
　　　　　　 ╱ 傳真：（02）2795-4100

2016 年 2 月第一版 定價 ╱ 300 元 ISBN 978-986-92619-8-2